# 재미의 발견

YouTube
Drama
Movie

# 재미의 발견

뜨는 콘텐츠에는
공식이 있다

# 100만 구독자
# 1000만 관객
# 高시청률 콘텐츠의 비밀

김승일

행복우물

# 프롤로그

물체가 땅으로 떨어질 때 많은 이들은 당연하다고 생각했습니다. 그러나 뉴턴은 '왜 그럴까?'라고 질문했습니다. 이 책도 마찬가지입니다. 누군가 재미있는 것을 보고 그저 '재미있다'고 할 때 '왜 재미있을까?'라고 질문한 결과입니다.

'재미란 무엇이고, 어떻게 만들고, 또 어떻게 증폭되는가'

이 책의 마지막 장을 덮은 당신은 이 세 가지만은 반드시 알게 될 것입니다. 저는 이 질문에 답하기 위해 수년을 천착했습니다. 수많은 크리에이터들을 만나고, 어떤 콘텐츠가 어째서 재미있는지를 분석하는 기사들을 써내며, 조금만 재미있는 일이 일어나면 그것이 왜 재미있는지를 따졌던… 제 호주머니 속 나침판의 N극은 늘 재미를 향해 있었습니다. 그러나 그간 인터뷰했던 그 누구도 완전히 만족스러운 답을 내놓지는 못했습니다. 지금까지 어느 누구도 재미를 분석하려 들지는 않았기 때문입니다. 대신 그들은 제게 많은 힌트를 안겨줬습니다. 뉴턴이 중력의 법칙을 공식화했듯, 그래서 저는 그 힌트들을 바탕으로 재미를 설명할 세 가지의 법칙을 찾아냈습니다. 깐깐한 평론가들조차 동의한 법칙.

**특이**(特異) **전의**(轉意) **격변**(激變)

재미있는 무언가는 반드시 사람을 당혹하고 집중하게 합니다. 그런데 당혹과 집중을 만드는 모든 것에는 이 세 가지 법칙이 담겨있습니다. 이 책의 절반은 이 재미의 법칙들이 무엇인지 설명하고, 재미있는 콘텐츠에 담긴 특·전·격을 찾습니다. 나머지 절반은 주로 특·전·격의 효과를 증폭하는 요소들을 다룹니다. 연관성과 공감, 불안정성, 그리고 결핍 같은, 특·전·격보다 중요하다고 할 수 있는 요소들입니다. 저는 이들을 '특·전·격 증폭제'라고 부르며 정확히 무엇인지 정의했습니다.

남는 지면은 특·전·격이 재미를 완성하기 위해서 갖춰야 할 '황금비'와 크리에이터들에게서 배운 '무조건 통하는 콘텐츠 제작법' 몇 가지, 그리고 재미있는 콘텐츠에 반드시 담겨 있는 '갈등'을 만드는 방법에 대해서 설명했습니다. 이 책은 재미를 만들어온 이들이 오랜 경험을 통해 체화한 영업비밀입니다. 재미있는 콘텐츠를 제작하고 싶은 분들, 혹은 재미있는 사람이 되고픈 분들에게 도움이 될 것입니다.

"네가 가진 것 중 최고의 것을 세상에 주어라\*. 그러면 최고의 것이 너에게 돌아올 것이다."

작가 아네트 시몬스의 말을 되새깁니다.

2021년 3월

김승일

---

\* Give the world the best you have and the best will come to you.

# 목차

# 3부. 재미의 완성

# 4부. 재미의 증폭

## 에필로그

# 1

# 당신이
# 몰랐던 '재미'

# 〈재미〉는 당혹하고
# 집중하게 한다

크리에이터는 당연히 재미를 만들 줄 알아야 합니다. 대중은 재미 없는 콘텐츠는 보지 않기 때문입니다. 대중이 보지 않는 콘텐츠가 무슨 의미가 있을까요? 비슷한 내용의 콘텐츠가 넘쳐나는 시대에, 보지 않는 콘텐츠는 콘텐츠가 아니라고, 극단적으로는 존재하지 않는다고 까지 말할 수 있습니다.

콘텐츠에서는 무엇을 먹더라도 재미있게 먹어야 합니다. 공을 차더라도 재미있게 차야 합니다. 게임을 하더라도 재미있게 해야 합니다. 그림을 그리더라도 재미있게 그려야 하고, 일상을 보여주더라도 재미 있게 보여줘야 합니다. 글을 쓰더라도 재미있게 써야 합니다. 시사를 논하더라도 재미있게 논해야 합니다. 그래야 대중이 보기 때문입니다. 재미가 있어야 '대중이 보는' 콘텐츠가 되고, 비로소 그 콘텐츠는 존재한다고 말할 수 있습니다. 즉, 재미는 시청의 전제조건이자 콘텐츠의 존재조건입니다.

그러나 재미는 단순히 웃기는 것만을 의미하지 않습니다. 예를 들어 우리는 코미디 영화 중에 최초로 천만 관객을 돌파한 <극한직업>을 보고도 재미있다고 했지만, 눈물을 짜낸 슬픈 영화를 보고 나서도 재미있다고 말했습니다. 봉준호 감독의 <기생충> 같은 그로테스크한 영화를 보고 나오는 길에도, 다소 잔인한 박찬욱 감독의 <친절한 금자씨>를 보고도 재미있다고 말했습니다. 전에 본 적 없는 독특한 스토리의 다큐멘터리를 보고도 우리는 재미를 느꼈습니다.

본격적으로 들어가기 전에 '재미'라는 단어와 '웃음'의 연결고리를 느슨하게 할 필요가 있습니다. 재미있는 콘텐츠는 웃음을 유발하는 콘텐츠를 포함하지만 웃기는 콘텐츠만이 곧 재미있는 콘텐츠는 아니라고 말이죠.

이 책을 보고 나서는 이렇게 말할 수 있어야 합니다.
"재미는 당혹하고 집중하게 한다."

재미있는 무언가는 백이면 백 당신을 당혹하고 집중하게 했습니다. 당신을 당혹하고 집중하게 했던 무언가는 높은 확률로 재미있었습니다.

# 〈특이·전의·격변〉은
# 당혹하고 집중하게 한다

두 시간이 넘는 상영시간이 대체 언제 지나갔는지 궁금하게 만들
정도의 영화, 종영이 다가오는 것이 아쉬웠던 드라마, 나도 모르게 구
독 버튼이 눌러지는 유튜브 영상…

재미있는 콘텐츠는 공통적으로 보는 이로 하여금 눈을 떼지 못하
게 합니다. 거기에 특·전·격이 담겨 있기 때문입니다.

**특이**(特異) **: 보통 것이나 보통 상태에 비하여 두드러지게 다름**
**전의**(轉意) **: 생각이 바뀜, 의미가 바뀜**
**격변**(激變) **: 상황 따위가 갑자기 심하게 변함**

특·전·격은 시청자를 당혹하게 하고 거기에 집중하게 합니다. 그

당혹과 집중의 강도는 나른한 오후에 마시는 쨍한 아이스커피 이상입니다. 막 이사한 집에 왕 바퀴벌레가 나왔을 때를 상상해보면 딱 맞겠습니다. 저는 대학 때 자취방에서 잠이 막 들기 시작할 때쯤 가슴에 뭔가가 툭 떨어져서 봤더니, 검지만한 바퀴벌레였습니다. 그 바퀴벌레는 제 가슴을 사사삭 기어 목 쪽으로 넘어오더니 턱에 닿고 어디론가 숨어버렸고, 그래서 결국 저는 친구 집에 가서 자면서도 계속 그 바퀴벌레를 생각하게 됐습니다.

<기생충>의 초반부에 왜 송강호가 앉아있는 식탁에 곱등이가 앉아 있었을까요? 식탁에 곱등이가 앉아있으리라고 생각하는 사람은 없습니다. 그것은 보통 상태와 비교해 두드러지게 달랐기('특이'였기에) 관객을 순식간에 영화에 당혹하고 집중하게 했습니다.

재미에 있어서 당혹과 집중 이후에 형성되는 감정은 부차적입니다. 즉, 재미에 있어서 특·전·격은 가장 핵심적인 요소입니다. 눈물 콧물 짜내는 슬픈 영화를 봤을 때, 감동적인 영화를 봤을 때, 배꼽 빠지는 코미디 영화를 봤을 때, 소름 돋는 공포·액션영화를 봤을 때, 각각의 재미있는 영화를 보는 당신의 표정은 영화마다 달랐습니다. 각각의 콘텐츠가 일으키는 감정이 제각기 달랐기 때문입니다. 그러나 그 영화들은 공통적으로 재미있었습니다.

## 그러면 특 · 전 · 격(당혹, 집중) = 재미인가요?

아직 끝이 아닙니다. 한 가지 반드시 고려해야 할 점이 있습니다. 뉴스를 통해 화재나 교통사고 등 안타까운 장면을 접했을 때도, 고어 영화 같은 혐오스럽고 매스꺼운 콘텐츠에도 우리는 당혹하고 집중합니다. 그런데 그런 콘텐츠를 접하고 대부분은 재미있다고 말하지 않지요. 그런 콘텐츠들은 당신을 당혹하게 하고 집중하게는 했으나 재미있다고 생각하게 하지는 못한 것입니다. 제가 천장에서 떨어진 바퀴벌레를 재밌게 생각하지 않았던 것처럼요.

그렇다면 '재미있다'에는 당혹과 집중이라는 요소 외에도 무엇이 더 추가돼야 할까요? 추가돼야 할 것은 없고 덜어내야 할 것이 있습니다. 특·전·격에는 반드시 불쾌한 감정을 일으키는 요소가 삭제돼야 합니다. 재미있는 무언가는 우리를 당혹하고 집중하게 했고, 우리는 그것에 불쾌감을 느끼지 않았습니다. 어느 한 사람에게라도 고통을 준다면 그 콘텐츠는 재미있는 콘텐츠가 아닙니다. 크리에이터로서 우리는 항상, 늘, 반드시 타인의 고통에 예민해져야 합니다. 강호동은 한 방송에서 이렇게 말했습니다. "재미난 비보는 없다."

# 까꿍! – 특·전·격

### '까꿍'

사실 사람들은 대부분 태어나고 얼마 지나지 않아서 재미의 기본 원리를 배웁니다. 즉, 당혹과 집중을 만드는 특·전·격을 배웁니다. 바로 '까꿍놀이'를 통해서입니다.

아시다시피 까꿍놀이는 만으로 한 살 내외의 아이에게만 통합니다. 태어난 지 1년이 지나버리면 아이는 더 이상 이 단순한 놀이에 당혹 및 집중하지 않습니다. 생후 1년이 안 된 아기가 당혹한 이유는 엄마가 손으로 얼굴을 가리는 순간, 눈앞에 있던 엄마의 얼굴이 아예 다른 차원으로 사라졌다고 생각하기 때문입니다. 아이는 대상이 언제나 동일한 차원에 존재한다는 '대상영속성'을 깨닫지 못합니다. 그래서 엄마가 얼굴을 손으로 가렸다가 드러냈을 뿐이지만, 아이는 엄마가 아예 다른 차원으로 사라졌다가 다시 나타났다고 생각하고 황당해하며 집중하는 것입니다.

까꿍놀이를 감상한 아이의 얼굴이 시간에 따라서 어떻게 변하는지 관찰해보세요. 갑자기 사라졌다가 '까꿍' 하고 다시 나타난 엄마. 아이의 입은 살짝 벌어집니다. 눈은 동그랗게 떠 엄마를 멀뚱멀뚱 보고 있지요. '당혹'과 '집중'입니다. 그리고 엄마의 웃는 얼굴에 아이는 곧 까르르 웃게 됩니다.

"있다 없으니까~" 씨스타의 노래를 읊어봅니다. 아이에게 엄마의 얼굴은 노랫말 그대로 있었다가 없어졌다가, 다시 웃으며 나타납니다. 이때 아이는 마치 눈앞에서 만리장성을 뚫고 지나가 버린 데이비드 카퍼필드를 보는 느낌입니다. 특·전·격. 아이에게 엄마의 상태는 갑자기 심하게 변했고(격변), 그 상태는 보통 상태와 비교해 두드러지게 달랐습니다(특이). 그것은 또한 엄마가 눈앞에 있을 거라는 당연한 생각이 바뀌는 일(전의)이었습니다. 그렇기 때문에 고작 까꿍놀이에 당혹하고 집중한 것입니다.

22

꺄르르 웃는 건 엄마가 웃어서 아이에게 긍정적인 감정을 남겼기 때문입니다. 앞서 설명한 재미의 메커니즘을 기억하시나요? 재미있는 모든 것은 일단 보는 이를 당혹하고 집중하게 하고, 그것에 불쾌함을 느끼지 않게 합니다. 엄마의 까꿍놀이는 아이에게 재미있었습니다.

세계적으로 이름이 다른 까꿍놀이들이 있습니다. 그리고 전 세계 아기들은 하나같이 이 놀이에 매혹됩니다. 당혹하고, 집중하고, 꺄르르 웃습니다. 특·전·격의 효과는 만국 공통, 아니 전 인류 공통입니다.

# 특·전·격은 과학입니다

**'까꿍'**

특·전·격이 일어나면 우리는 특·전·격을 일으킨 대상에 당황하고 집중합니다. 가령 당신이 카페에 앉아있는데 모르는 사람이 갑자기 어깨를 툭툭 치며 아주 반갑게 인사한다고 생각해봅시다. 당신은 전혀 모르는 상대를 향해 눈을 동그랗게 뜨고 어쩔 줄 몰라 할 것입니다. 그런데 이러한 당혹과 집중에는 과학적인 원리가 숨어있습니다.

심리학자들은 우리 의식을 두 부분으로 나눌 수 있다고 설명합니다. 꼬치꼬치 따지고, 계산하고, 머리를 굴리고, 비판적으로 생각하는 현재의식과 정서, 충동, 본능을 주관하는 잠재의식*. 예를 들어 시험기

---

\* 각 심리학 학파마다 부르는 명칭은 다릅니다. 가령 마크 맨슨은 책 『희망 버리기 기술』에서 현재의식을 '생각 뇌' 잠재의식을 '감정 뇌'라고 부릅니다.

간에 현재의식은 공부해야 할 과목과 공부하지 않으면 벌어질 일들을
생각하지만, 잠재의식은 다 포기하고 잠을 자거나 유튜브 동영상을 시
청하고 싶어 합니다.

　　현재의식은 늘 여러 가지 이성적인 생각들로(마치 게임의 패시브 스킬처
럼) 우리를 지키지만 그리 강하지는 않습니다. 시험기간에 공부해야 할
과목이 남았는데도 너무 피곤해서 그냥 자버린 적이 있을 것입니다.
현재의식이 먼저 나가떨어졌기 때문입니다. 현재의식은 체계적이고
합리적이지만 유지하기 위해서 많은 에너지가 필요하고 지나치게 사
용하면 피로해집니다. 그래서 비합리적이고 단순하며, 사소한 일에도
호들갑을 떠는 잠재의식에 쉽게 자리를 내어줍니다.

　　특·전·격은 나약한 현재의식이 받아들이기 버거운 일입니다. 그래
서 특·전·격이 일어나면 우리 의식은 말 그대로 백지상태가 됩니다. 백
지상태. 어떤 방어적인 의식들이 모두 날아가 버린 상태. 더 정확히 말
하면, 특·전·격에 의해 현재의식이 과부하 돼 수용적인 잠재의식이 무
방비하게 노출된 상태입니다.

　　전에 없던 일과 마주해 그저 누군가가 시키는 대로 해버린 적이 있

을 것입니다. 예를 들어 군 훈련소에서는 인간이 가장 공포를 느낀다는 높이 11m에서 뛰어내리는 훈련을 하게 되는데요. 이때 교관이 "사랑하는 사람에게 한마디 하고 뜁니다!"하면 평소 과묵하고 내성적인 사람들도 다리를 덜덜 떨며 사랑하는 사람의 이름을 외치게 됩니다. 땅 위에서 같은 말을 들었을 때와는 굉장히 다릅니다. 11m라는 일반적이지 않은 상태가 방어적인 현재의식을 날려버려 잠재의식만이 남았기 때문입니다. 복싱으로 치면 강제로 가드가 내려간 것입니다. "고객님, 당황하셨나요?" 보이스피싱범들이 사용하는 기술의 원리도 이와 비슷합니다. 예를 들어 저희 가족이 직접 겪은 일이기도 합니다만, 어떤 보이스피싱범들은 군대에 간 아들이나 손자가 다쳤다는 거짓말로 현재의식을 날려버린 후 "얼른 돈을 보내세요. 그래야 수술할 수 있어요" 같은 말을 따르게 합니다.

현재의식이 특·전·격에 의해 과부하 돼 소위 '락'이 걸려버리면 잠재의식은 그저 특·전·격을 만들어낸 대상에 당황하고 집중하게 됩니다. 특·전·격은 이렇게 재미의 기본인 당혹과 집중을 만들어냅니다.

26

# 갑자기?! 강호동

<1박2일>, <스타킹>, <무릎팍 도사>, <아는형님>… 이 프로그램들을 본 적 있다면 프로그램 이름만 들어도 강호동이 생각날 겁니다. 강호동이 출연하는 프로그램에서는 언제나 강호동이 메인입니다. 강호동에게 대부분의 관심이 집중될 수밖에 없기 때문입니다. 강호동을 떠올렸을 때, 그는 어떤 모습인가요?

"일~박! 이일!"을 박력 있게 외치는 모습, "스타 중의 스타, 킹 중의 킹, 스타~ 킹!" 과장된 액션으로 출연진을 독려하고 관객의 이목을 모으는 모습, "진심을 담은 배우 황정민~~~! 그가 왔다!" 게스트를 번쩍 들어 의자에 앉히고 책상을 쾅 치며 바짝 다가가 노려보는 모습. <아는형님>에서 게스트와 출연진을 윽박지르는 모습. 아마 대개는 이렇게

위압적인 모습으로 장난스럽게 소리 지르는 장면일 것입니다.

그런데 우리는 어째서 강호동의 이런 모습을 기억할까요? 기억이란 장기간 이어지는 집중입니다. 강호동의 이런 모습이 바로 특이(特異)이자 격변(激變)이었기 때문입니다. 강호동은 어떤 예능에서든 보통 연예인들과는 두드러지게 다른 박진감 넘치는 말과 행동으로 이어지던 흐름을 갑자기 반전시킵니다.

이제 강호동의 예능 데뷔나 마찬가지였던 씨름판으로 돌아가 봅시다. 모래 위에서 온몸을 부르르 떨며 괴성을 지르는, 샅바를 잡고 윙크하는 강호동에게 이만기는 주의를 줍니다. "깝죽거리지 마라 이 새끼야." 그런데 하늘 같은 선배 이만기의 말에 강호동은 주눅 들지 않습니다. 심판을 바라보며 "예? 저 못하겠는데예. 상대 선수한테 욕해도 되는 겁니까?"라고 응수합니다.

그 옛날 씨름판의 예절을 생각하면 어찌 보면 당연했던 이만기의 조언을 '상대 선수에게 하는 욕'으로 바꿔버린 것입니다. 전의(轉意)입니다. '이게 미쳤나?' 이만기는 이렇게 당황했다고 합니다. 이후 그가 진행하는 예능에서도 강호동은 이런 식의 관점을 전환하는 멘트를 쏟아냅니다. "아니 근데" "그게 아니고"… 끊임없이 다른 의미를 만들어내며 당혹과 집중을 일으킵니다. 강호동은 씨름 선수 시절부터 특·전·격을 만드는 데 재능이 있었고, 이 재능을 코미디언이 된 후로도 계속해서 활용해온 것입니다.

수많은 인기 크리에이터를 만나고 그들의 콘텐츠를 분석해온 저는 이제 자신 있게 말할 수 있습니다. 특·전·격은 재미있는 콘텐츠를 만드는 이들의 영업비밀입니다. 물론 특·전·격이라는 용어를 알지는 못했지만, 제가 만난 크리에이터들은 특·전·격에 대해 아주 잘 알고 있었습니다. 그들은 경험을 통해서 그것을 깨우쳤습니다.

개념을 배워서 충분한 지식도 있지만 체득해야 하는 지식도 있습니다. 이 지식은 마치 자전거를 배우는 것과 같습니다. 특·전·격이라는 자전거를 잘 타기 위해서는 그저 개념을 아는 것으로 충분치 않습니다. 개념만 아는 것은 책으로 자전거를 배우는 것과 마찬가지입니다. 따라서 제가 다음 장에서 할 작업은 우리를 울고 웃겼던 굵직굵직한 콘텐츠에 특·전·격을 대입해보며 함께 감을 잡아가는 것입니다. 당신을 당혹하게 하고 집중하게 했던 콘텐츠의 어떤 장면에서 시작해 그것이 어째서 특·전·격인지 살펴볼 것입니다.

# 2

# 재미의
# 시작

# 출근길, 벚꽃

갑자기 이런 말을 하면 욕먹을 수도 있겠지만, 요즘 저는 출근길이 즐겁습니다. 운 좋게도 환하게 만개한 벚꽃들을 원 없이 보거든요.

길게 이어진 분홍 벚꽃길. 그런데, 이 황홀한 꽃길을 걷다가 보면 사람들이 너도나도 멈춰 서서 입을 헤~ 벌리고 쳐다보는 곳을 만나게 됩니다.

눈을 돌리는 곳 어디나 벚꽃인 이 길에서 어쩐 일일까요? 정말 갑자기 말이죠. 그 많은 사람들이 약속이나 한 듯이 모두 다요. 사진을 찍는 이들도 더러 있습니다. 생각해보니 저도 처음에는 여기서 사진을 찍었습니다. 벌린 입 사이로 벚꽃잎이 들어왔던 기억이 납니다.

그곳,

분홍색이 갑자기 뚝 끊기고 어쩐지 흰 빛이 비치는 곳.

수많은 분홍 벚나무들 사이에서

눈물겹도록 빛나는 흰 벚꽃을 피워낸 나무가 우뚝 서 있는 곳.

분홍 꽃비가 그치고 하얀 꽃비가 내려 갑자기 눈이 부신 그곳.

"와" 하고 오묘한 표정을 짓는 곳.

"와~" 당신도 분홍 벚나무들 사이에서 그 하얀 벚나무를 마주했다면, 그 흰 꽃비를 맞는다면, 분명 잠시 모든 걸 멈추고 나무를 바라볼 테지요. 벌써 마음속에 그 벚나무가 있을지도 모르겠네요.

제가 뜬금없이 출근길의 흰 벚나무 이야기를 꺼낸 이유는 당신을 잠시 멈춰 서게 한, 당신을 당혹하게 하고 집중하게 한 이 희디흰 벚꽃에 재미의 기본, 즉 특이·전의·격변이 담겨있기 때문입니다. 소설가 움베르토 에코가 『장미의 이름』에 적었듯 다양한 현상을 포괄할 하나의 법칙이 있고, 그 법칙이 또 다양한 현상을 만들어냅니다. 재미를 만들어내는 하나의 법칙은 곧 특·전·격입니다. 지금부터는 특·전·격이 담겨 있는 다양한 사례를 통해 특·전·격이 무엇인지 감을 잡아보겠습니다.

# 특이(特異)

보통 것이나 보통 상태에 비하여
두드러지게 다름

'보통'을 생각해봅시다. 예를 들어 학교 친구들이 대부분 당신에게
살갑게 대한다면, 당신에 대한 학교 친구들의 태도는 보통 '살갑다'고
할 수 있습니다. 마을 중국집들에서 시킨 자장면이 집까지 배달되는
시간이 대부분 30분 내외라면, 마을 중국집들의 자장면 배달 시간은
보통 30분 내외입니다.

학교에서 모자 모양의 표준정규분포표를 배운 적 있다면, 정 가운
데가 '보통'이고 그 가운데서 멀어질수록 특이(特異)입니다. 수많은 친구
들 중에서 유독 한 친구가 당신을 무시하고 욕을 한다면 그 친구는 당
신에게 당혹스러운 존재일 것입니다. 집과 중국집들 사이의 거리가 비
슷하다고 가정할 때, 다른 중국집과 달리 한 중국집에서만 자장면을
15분 만에 배달한다면. 당신은 당혹하고 집중할 것입니다. 그 친구와
중국집이 당신에게 특이하기 때문입니다. 회색 카드를 들고 있는 수백
명의 사람들을 상상해봅시다. 그중 한 명이 빨간색 카드를 들고 있습
니다. 비유하자면 그 사람이 바로 특이입니다.

그런데 이 책에서 설명하려는 '특이'는 주로 콘텐츠에 관한 것입니
다. 가령 『백설공주』 『미녀와 야수』 등 일반적인 동화책 엔딩에서 독자
가 느끼는 감정은 '보통' 해피(happy)입니다. 대부분 해피엔딩이죠. 또한,

블록버스터 영화의 주제는 보통 권선징악입니다. 대부분 악을 멸하고 선을 권하는 내용이지요.

어떤 동화가 인기 드라마 <사이코지만 괜찮아>의 동화작가 고문영의 작품처럼 잔인하고 비참한 감정을 남긴다면, 봉준호 감독의 영화 <기생충>을 봤는데 다른 블록버스터 영화와 마찬가지로 악을 무찌르는 선의 이야기가 아니라 갈등 관계에 있는 모든 등장인물이 선하지도 악하지도 않다면…

콘텐츠 안에서 우리는 무수한 '특이점'을 생각해볼 수 있습니다. 장르, 주제, 사조(思潮), 세계관, 이야기 소재, 캐릭터 설정, 등장인물의 위상*, 스토리 구성 방식, 전개 방식, 플롯, 작품의 분위기, 톤, 스크린스타일, 미장센, 제작기법, 표현방식, 기승전결, 초반·중반·후반·결말부, 컷, 신, 시퀀스… 등등 콘텐츠를 분해하면 나오는 많은 것들이 특정 관점에서 가지는 '보통'을 찾을 수 있으니까요. 크리에이터는 재미를 만들기 위해 먼저 이 '보통'의 지점을 찾아야 합니다. 삶에서든 콘텐츠에서든 무언가가 '보통'에서 멀리 벗어날수록 시청자는 당혹하고 집중하니까요.

---

* 어떤 것이 다른 것과의 관계 속에서 가지는 위치나 상태

# 불구경, 싸움구경이
# 제일 재밌어?

우리 인생을 긴 다큐멘터리라고 할 때, 하루 분량의 전개에서 불구경과 싸움구경이 일어나는 횟수는 평균적으로 몇 번일까요? 혹은 불구경이나 싸움구경은 하루에 몇 번이나 일어날까요? 보통 많아야 일 년에 한두 번 정도 불구경이나 싸움구경을 할까 말까 하니 0.00547번(2/365) 정도일 겁니다. 이때 이 0.00547이 바로 '보통'이며, 하루에 불구경이나 싸움구경이 일어나는 횟수가 이 '보통'에서 크게 벗어났다면 특이(特異)입니다.

**'화르륵'**

누군가 푸드트럭에서 불 쇼를 벌입니다. 요리대가 이연복입니다.

그가 커다란 중식용 프라이팬에 기름을 뿌리자 큰불이 붙습니다. 주위에 있는 사람들의 눈과 귀는 자연히 이연복 쪽으로 쏠립니다. 그 눈과 귀가 이연복이 불 쇼를 벌인 목적이었습니다.

'퍽, 퍽, 퍽'

갑자기 고성이 나고 욕설이 들리더니 투닥거리는 싸움이 시작됩니다. 국회의원들입니다. 한 의원의 턱에 스트레이트 펀치가 꽂힙니다. 채널을 돌리려던 리모컨 위에서 손이 멈춥니다. 뉴스가 예능보다 시청률이 높아집니다.

"불구경, 싸움구경이 제일 재밌어."

꽤 많은 사람들이 어렸을 적부터 이 말을 듣고 자랐을 것입니다. 그리고 불구경, 싸움구경을 할 때 우리는 입을 헤~ 벌리고, 눈은 동그래진 채 당황하고 집중했을 것입니다.

지금 책을 읽는 공간에서 10m 떨어진 곳에서 불이 난다고 상상해보세요. 혹은 근처에 있는 어떤 남자가 갑자기 다른 남자의 머리채를 잡았다고 상상해보세요. 현실에서는 절대로 불이 나거나 싸움이 일어

나서는 안 되지만 불이 나거나 싸움이 시작되면 매일 똑같았던 '보통'
의 일상에는 확실한 변화가 일어납니다. 똑같은 등굣길, 출근길, 해가
뜨고 해가 지는 일상에서 좀처럼 일어나지 않았던 특이점이 일어난 것
입니다. 이때 사람들의 현재의식은 잠시 날아가 버리고, 잠재의식만이
남게 됩니다. 따라서 넋을 놓고 불과 싸움에 집중하게 되지요. 아주 일
시적이더라도 말입니다. '특이'의 효과입니다.

현실에서 불과 싸움은 부정적인 감정을 남길 가능성이 높기에 재
미로 귀결되지 못할 확률이 높습니다. 그저 여기서는 현재의식을 치우
고 잠재의식만을 남겨서 사람들의 온 신경을 잠시 붙들어놓는 '특이'
의 효과에만 주목해주길 바랍니다. 보통 것이나 보통 상태에 비하여
두드러지게 다름으로 인해 일어나는 당혹과 집중이 바로 재미의 뿌리
니까요.

크리에이터에게는 불구경과 싸움구경이야말로 가장 쉽고 단순
하게 당혹과 집중을 일으킬 수 있는 수단입니다. 실제로 많은 프로듀
서들이 자신의 프로그램에서 불구경과 싸움구경을 만들기 위해 노력
하고 있습니다. 예능 프로그램 중에 싸움구경이 없는 프로그램이 존
재하는지 생각해보세요.

예컨대 시청률 30%에 달했던 <미스터트롯>의 중심을 이루는 전
개는 라이벌 구도에서 펼쳐지는 경쟁입니다. <무한도전>의 멤버들은
서로를 유쾌하게 비하하거나 서로의 뒤통수를 노리며 싸웁니다. <라
디오스타>는 김구라를 중심으로 게스트를 깎아내리고, 게스트가 그
도발을 받아치는 데서 재미를 찾습니다. <런닝맨>에서는 싸움이 추격
전 형태로 일어납니다. <아는 형님>에서는 게스트와 출연진의 신경전
이 텃세를 부리는 학생들과 그에 도전하는 전학생 사이의 대결 형식으
로 펼쳐지지요. <알쓸신잡>에는 미묘한 '지식 대결'의 기류가 흐릅니
다. <짝>은 짝을 찾기 위한 경쟁이며 <불타는 청춘> 역시 이와 다르지
않습니다. 심지어 힐링을 내세운 예능에서조차 크리에이터들은 미묘
한 싸움구경을 만들어냅니다. 가령 <도시어부2>에서 이수근은 이렇
게 말한 바 있지요. "여기는 낚시 안 하면 싸우고 있더라고."

어느 나라 예능이든 싸움구경을 볼 수 있습니다. 일부 외국 예능
에서는 실제 싸움을 붙이기도 합니다. 길거리에서나 일어나는 그런 지
저분한 싸움을 말이지요. 그 싸움구경이 시청자들을 당혹하고 집중
하게 하기 때문입니다.

유튜브에 '싸움'이라고만 검색해도 어마어마한 동영상이 나오고

대부분 높은 조회수를 기록하고 있습니다. 아프리카TV의 대통령이라고 불리는 BJ 철구의 유튜브 영상 중 가장 인기 있는 영상은 부부싸움 영상입니다. '철구 부부싸움'이라고 검색하면 각기 다른 부부싸움 영상이 수십 개가 넘습니다. 그리고 조회수가 많은 것은 600만 회가 넘습니다. 일부 영상 플랫폼에서는 폭력적인 성향의 방송인들이 심한 욕설로 서로를 비방하는 것을 콘텐츠화하고 있습니다. 이들은 실제로 폭력을 자행하고 현피에 살해 협박까지 일삼아 경찰서를 들락거립니다. 애꿎은 사람들에게 일부러 시비를 걸기도 하지요. 싸움구경을 보기 위해 모인 시청자들은 더욱 자극적인 싸움을 부추기며 후원을 하기도 합니다. 결코 바람직한 일은 아니지만, 방송인들은 더 크고, 더 잦은 싸움구경을 만들수록 더 많은 수익을 얻습니다.

41

한편, 싸움구경의 원조는 스포츠입니다. 가령 UFC 같은 격투기, 축구나 야구, 농구, 아이스하키, 미식축구 등 스포츠도 따지고 보면 싸움구경입니다. 길거리 싸움과 다른 점이 있다면 까다로운 규칙을 정해놓았을 뿐이지요. 사람들은 이러한 싸움구경을 더 가까이서 하기 위해 더 많은 돈을 냅니다.

# 불붙어야 산다
## 무당과 크리에이터는 닮은꼴

### 〈곡성〉과 〈사바하〉의 '불'

"어? 그런데 콘텐츠에서 '불 쇼'는 그리 많이 등장하지 않는듯 합니다"라고 질문할지 모르겠습니다. "불 쇼는 많이 등장하지 않는다." 맞는 말이면서도 틀린 말입니다. 콘텐츠 속에서 '불'은 요리대가 이연복이 춘장을 볶지 않는 이상 자연 상태의 불 그 자체로 등장하는 경우는 드뭅니다. 물론, 두고두고 회자되는 가수 비욘세의 2013년 슈퍼볼 무대는 말 그대로 큰불이 등장하는 불구경이었습니다. 매년 한강 변에서 개최되는 불꽃축제도 자연 상태의 '불' 구경입니다. 불은 등장하기만 하면 정말 많은 사람들을 매혹합니다. 한강 변에 발 디딜 틈 없이 모여드는 인파가 그 증거입니다.

　　그러나 대다수 콘텐츠에서 불은 자연 상태 그대로 나오기보다는 대개 조금 다른 모습으로 등장합니다. 제가 이번 장에서 예시로 들 불구경은 영화 <곡성>과 <사바하>, 그리고 무당의 굿판에 있습니다.

　　<곡성>하고 <사바하>에 불이 나왔다고? 영화를 봤다면 좀 갸우뚱할 겁니다. 두 영화에서 자연 상태의 불은 그렇게 많이 등장하지 않았습니다. 제가 이 장에서 말하려는 불은 은유적 표현입니다. 두 영화는 굿이라는 '불'을 사용함으로써 영화를 불구경과 다름없게 만들었습니다. 갑자기 웬 굿인가 하겠지만, 굿은 그 자체로 불과 굉장히 유사합니다.

43

　　칼을 휘두르며 맨발로 작두를 타는 무당. 빙의가 돼서 닭의 목을 주저 없이 베어버리고, 돼지 사체에 칼을 꽂는 그 모습에 관객은 경악합니다. 무당의 굿판은 평범한 사람이 아무리 이해하려 해도 이해할 수 없으며, 보는 이에게 경외감(공경하면서 두려워하는 감정)을 일으키는 광경입니다. 이해할 수 없고 또 경외감이 드는 건, 모든 것을 태워버릴 듯이 화려하게 타는 불 역시 마찬가지입니다. 프로메테우스 신화에서 볼 수 있듯 실제로 최초의 인류는 오랫동안 불을 경외하며 숭배의 대상으로 삼아왔습니다. 굿과 불은 별반 다르지 않다고 할 수 있습니다.

이제 <곡성>과 <사바하>의 굿판으로 더 깊숙이 들어가 진짜 무당을 만나봅시다. 무당들이 굿판에서 이해할 수 없는 행색으로 경외감을 일으키는 말과 행동을 하는 이유는 불구경을 만들기 위해서입니다. 불처럼 타오르는 특이점을 통해 관객의 '현재의식을 멀리 걷어내는' 최면을 걸고 있는 셈이지요. 그들의 일반적이지 않은 말과 행동, 그들이 조성하는 '저세상' 분위기에 관객은 이성적인 판단을 하는 현재의식이 마비되고, 무당은 이때를 공략합니다.

"내 몸속에 조상신이 들어왔다!"

그리고 현재의식이 마비된 관객은 무당의 말을 비판 없이, 그저 입을 헤~ 벌리고 수용하게 됩니다. 방어막처럼 쳐져 있던 현재의식이 걷히고, 잠재의식만이 남은 상태에서 관객은 무당이 접신했다는 말을 호들갑을 떨며 받아들이게 되는 것입니다.

일부 가수들의 무대 역시 활활 타오르는 불을 보는 듯한 경험을 선사합니다. 가수 비욘세의 2013년 슈퍼볼 무대를 못 보셨다면 반드시 유튜브에서 한 번 보길 권합니다. 싸움구경과 더불어 가장 원초적인 특이점인 불구경을 이해하기 위해서 도움이 되는 무대입니다. 이 무대

에는 실제로 엄청난 자연 상태의 불이 등장할 뿐 아니라 이 세상 것이
아닌 듯한 조명, 춤, 의상 등 불 역할을 하는 특이점이 쉴 새 없이 펼쳐지
며 관객의 혼을 쏙 빼놓습니다. 비욘세는 이 무대에서 마치 여신이라
도 되는 듯 경외감을 느끼게 합니다.

가수 지드래곤과 그룹 방탄소년단의 무대 역시 자연 상태의 불이
그다지 많이 등장하지는 않지만, 비욘세의 무대를 볼 때와 다르지 않
은 감흥을 일으킵니다. 공교롭게도 지드래곤은 '불붙여 봐라', 방탄소년
단은 '불타오르네'라는 노래를 만들기도 했습니다. 이외에 다른 아이
돌들도 그 '아이돌'이라는 이름처럼 무대 위에서 뜨겁게 타오르며 숭배
해야 할 대상처럼 보입니다. 그들이 불과 같은 특이점들을 더 많이 만
들어낼수록 관객의 현재의식은 더 멀리 날아갑니다. 이때 "내가 제일
잘 나가"라는 식의 가사라도 들리면 관객은 말 그대로 그 가수가 제일
잘나간다고 믿어버리게 되지요.

잡설이 길었지만 요는, 크리에이터 역시 불구경을 만들어낸다면
무당의 굿판과 같은 당혹감과 집중을 유발할 수 있다는 겁니다. 이해
할 수 없으며 경외감이 드는 특이점을 만들어낼 수 있다면 말입니다.

45

한편, 다시 우리의 무당으로 돌아오겠습니다. 점집에 들어가 본 분이라면 알 겁니다. 점집의 분위기는 정말 이 세상 분위기가 아닙니다. 기괴한 그림들, 무서운 인형들, 뭐라고 적혀있는지 모르는 붉은 글자들, 이상야릇한 냄새 등은 총체적인 특이점으로 작용해 관객의 현재의식을 벗겨내기 시작합니다. "곧 죽을 놈이 왜 왔어?"라고 쏘아붙이는 무당의 말은 그 당혹과 집중에 화룡점정을 찍습니다. 점집을 찾아온 사람의 현재의식은 저 멀리 뒤편으로 사라집니다. 그래서 점집에 가면 무당이 팥으로 메주를 쑨다고 해도 믿게 되는 거죠.

이런 식의 마인드 컨트롤은 역사를 기록하기 이전인 선사시대까지 거슬러 올라갑니다. 대표적으로 고조선을 세운 단군왕검이 살던 시기를 예로 들어보겠습니다. 일부 학자들은 단군왕검의 '단군'에 무당이라는 의미가 담겨있다고 주장합니다. 단군왕검이 고조선의 왕이자 제사장이었다는 설이 유력하지요. 실제로 '단군'과 발음이 비슷한 단어 '당골'이 과거 전라도 지방에서는 무당을 의미했습니다.

이 시기 무당(제사장)들이 사용한 청동거울과 청동검 등 청동기는 대중에게 불이나 다름없었습니다. 즉, 이해할 수 없는 경외감을 느끼게 했습니다. 청동기는 만들기도 어렵고 실용적인 측면에서 석기보다 그

쓰임새가 떨어지지만, 신비한 푸른빛을 뿜어냅니다. 특히 당시에는 청동거울처럼 빛을 반사하는 물건이 존재하지 않았습니다.* 목에 건 청동거울로 태양 빛을 반사하며 푸른빛을 뿜는 칼을 휘두르는 무당. 그것은 분명 전에 없던 특이한 모습이었을 것입니다. 그렇게 현재의식을 마비시킨 상태에서 무당은 "나는 하늘에서 왔다"는 말을 내뱉습니다. 이 말에 사람들은 잠시 무당을 '하늘과 지상을 빛으로 이어주는 존재'로 생각했을지도 모릅니다.

---

* 당시 청동거울은 요즘 거울처럼 사물을 비추는 용도가 아니라 그저 빛을 반사하는 용도로 쓰였습니다.

# 봉준호와
# 빌리 아일리시의 특이점

48

지구상에서 가장 주목받는 예술가는 누구일까요? 2020년 기준 빌리 아일리시라고 해도 동의하지 않을 사람은 별로 없을 겁니다. 아일리시는 2020년 미국 최고 전통의 음악 시상식 그래미 어워드에서 39년 만에 주요 네 개 상*을 거머쥔 가수입니다. 수많은 쟁쟁한 가수들이 2001년생인 그의 노래를 커버하고 동경의 대상으로 삼습니다.

온몸에 거미를 두르고 심지어 그 거미를 우아하게 입 안에 넣었다가 빼는 'you should see me in a crown' 뮤직비디오를 시청해보길 권합니다. 아일리시는 불구경이 무엇인지 알고, 그것을 특이하게 만들어낼 줄 압니다. 그러나 이제는 가장 원초적인 특이점인 불구경으로부터 벗어나 좀 더 세련된 특이점으로 나아가겠습니다.

---

* '송 오브 더 이어' '앨범 오브 더 이어' '레코드 오브 더 이어' '베스트 뉴 아티스트'

"저는 잊어버리고 있었어요. 어떤 장르로 분류(카테고라이즈)

되지 않는 음악을 만드는 게 늘 쉽지 않았다는 것을. 지금 제가

시도하고 있는 모든 것은 제가 하는 음악이 특정 장르로 분류

되지 않게 하는 거예요. 제가 하는 음악은 팝도 아니고 얼터너

티브도 아니에요. 저도 제가 하는 것이 뭔지 몰라요. 저는 제가

하는 음악을 '얼터너티브 트랩'으로 불러요."

(빌리 아일리시 MTV 인터뷰 中)

아일리시가 말했듯, 그의 노래는 현대의 장르로는 분류할 수 없습
니다. 그렇기에 '특이'합니다. 어떤 음악이 특정 장르에 속한다는 의미
는 그 음악이 해당 장르에 속하는 수많은 음악이 가진 평균적인 분위
기와 비슷한 특성을 가졌다는 의미입니다. "그 장르 음악은 보통 이런
식이야." '보통'에서 크게 벗어나지 않았다는 뜻입니다. 따라서 어떤 음
악을 그 어떤 장르로도 분류할 수 없다면, 그것은 '보통'을 벗어남을 의
미합니다.

**"봉준호 자체가 장르다."**

64년 만에 칸영화제 황금종려상과 미국 아카데미 작품상을 동시

수상한 봉준호.

영화 평론가이기도 한 후배 송석주 기자는 "봉 감독의 영화는 단일한 장르로 규정할 수 없는, 한 영화에 다양한 장르가 내재해있는 특성을 보입니다"라고 설명했습니다. 기자의 말처럼 봉 감독의 영화는 코미디나 스릴러, 판타지, 액션 등 어느 한 장르로 구분할 수 없습니다. 어떤 장르로 흐르는 듯하다가도 좀처럼 예상치 못한 방식으로 장르적 클리셰를 부숴버립니다. 어떤 장르로도 구분할 수 없는 독특한 분위기를 형성합니다.

50

<기생충> <옥자> <설국열차> <마더> <괴물> <살인의 추억>…

봉준호 감독 영화의 큰 특징을 몇 가지 뽑아봅시다. 극을 이끌어가는 이들은 대부분 주류 사회에 속한 사람이 아닙니다. 조금만 밀면 나락으로 떨어질, 마치 낭떠러지 앞에 서 있는 듯한 이들입니다. 영화는 어두운 스릴러인 듯하지만, 시종일관 유머를 놓지 않습니다. 그렇다고 코미디나 액션 영화라고도, 블랙코미디라고도 할 수 없습니다. 어떤 장르로 규정될 수 있는 임계점 앞에서 영화는 툭툭 꺾여버립니다. 결말은 완벽한 해피엔딩도 새드엔딩도 아닙니다. 늘 찝찝하고, 뭔가를

생각하게 합니다. 봉준호 감독의 영화들은 이렇게 그 특유의 특징들
이 섞여 다른 어떤 장르에도 속하지 않게 됩니다. 그러니 누군가 "이 영
화 장르가 뭐야?"라고 묻는다면 그저 "스릴러도 아니고, 코미디도 아니
고... 그냥 봉준호야"라고 대답할 수밖에요.

어떤 것이 재미있다면 그것은 때로는 이 세상에 존재하는 말들
로 정의되지 않습니다. 봉준호의 영화와 아일리시의 노래가 카테고라
이즈가 쉽지 않은 것처럼요. 그리고 당연하게도 그런 특이(特異)에 시청
자는 당황하고 집중합니다.

저는 당신이 빌리 아일리시의 공연 실황*을 찾아봤으면 합니다. 관
객이 아일리시의 노래를 따라 부르며 그가 추는 독특한 춤을 황홀하
게 쳐다보는 장면을 살펴보시길. 바로 그 장면이 빌리 아일리시가 만드
는 불구경에 빠진, 그리고 어떤 장르로도 분류되지 않는 아일리시 노
래의 특이점에 빠진 관객의 모습입니다.

---

* 'Bad Guy' 라이브 공연

# 장르를 깨라
# 〈무한도전〉 김태호와 크리스토퍼 놀란

장르란 학자마다, 사람마다 그 정의가 제각기 다른 용어입니다. 그러나 알고 보면 장르만큼 쉬운 것도 없습니다. 심플, 모던, 클래식, 엔틱, 북유럽… 콘텐츠가 집이라면 장르란 집의 전반적인 분위기를 형성하는 인테리어 스타일입니다. 크리에이터는 스토리라는 재료를 이용해 플롯이라는 뼈대를 세우고, 장르라는 인테리어를 합니다.

장르 영화의 인테리어들을 살펴봅시다. 액션 영화에서 극의 대부분을 차지하는 등장인물의 행동양식은 액션입니다. 전반적인 사운드는 부딪히고 깨지는 소리, 박진감 넘치는 음악입니다. 스릴러 영화의 톤은 로우키*입니다. 등장인물의 주요 행동양식은 끊임없는 '의심'이지

---

\* 명암의 대비를 두드러지게 나타내기 위해 그림자나 어두운 부분이 많이 생기도록 하는 화면

요. 데이비드 파킨슨에 따르면, 필름 누아르의 인테리어는 명암의 극적인 대비, 갈피를 잡기 힘든 미장센, 경사 앵글, 회고적인 보이스 오버의 사용, 예민한 부르주아, 냉소적인 탐정, 무자비한 사기꾼, 부패한 관료, 기회주의적인 떠돌이, 도망자 커플, 팜므파탈, 성·계층·정체성·불평등·배반·편견·폭력 등입니다.* 책 『영화 장르의 이해』의 저자 정영권은 전투 영화의 도상이 군복, 철모, 소총과 기관총, 탱크, 전투기, 군함, 항공모함 등으로 채워져 있으며 "소규모 부대를 주요 무대로 아버지 격의 장교나 부사관의 지휘하에 미숙한 소년이 끊임없는 전투 속에서 진정한 남자가 되는 이야기, 부대 내의 갈등이 적과의 싸움이라는 국가적 대의 속에서 봉합되는 이야기가 전형적"이라고 설명합니다. 이제 공포 영화, 판타지 영화, SF 영화, 로맨스 영화의 인테리어는 대강 떠오르실 겁니다.

<무한도전>의 김태호 PD는 장르에 정통한 사람이고 그것을 깨는 재미에 들린 사람입니다. <무한도전> 자체가 '도전'(Challenge)이라는 장르의 파괴였습니다.** 여섯 명의 코미디언이 계속해서 뭔가에 도전하는 것이 <무한도전>의 중심적인 분위기를 형성합니다. 'Infinite challenge'(무한한 도전)라는 영어 이름처럼 <무한도전>은 역사X힙합 프

---

* 『영화를 뒤바꾸는 아이디어 100』
** 많은 사람들이 〈무한도전〉의 장르는 '리얼 버라이어티'라고 알고 있지만 리얼 버라이어티라는 말은 사실 장르를 의미하기보다는 "한 프로그램에 예능의 여러 장르들(버라이어티)을 포함하되, 대본이나 연출은 최대한 자제하겠다(리얼리티)"는 일종의 선언입니다. 〈무한도전〉이라는 리얼 버라이어티에는 서바이벌, 추격전, 토크쇼 등 다양한 장르가 담겼습니다. 그러나 그 다양한 장르를 꿰뚫는 전반적인 분위기는 도전입니다. 즉, 〈무한도전〉의 가장 큰 장르는 '도전'입니다.

로젝트, LA 프로젝트, 런웨이 프로젝트, 릴레이툰 프로젝트 등 '프로젝트'라는 이름으로 다양한 도전을 했습니다. 그러나 <무한도전>은 이렇게 '무언가에 도전하는 행위'를 제외하고는 일반적인 도전 장르의 인테리어 스타일을 따르지 않았습니다.

비유하자면 김태호 PD는 '도전'이라고 적힌 집의 문을 열고 들어가서 방안의 가구들을 전부 삐뚤빼뚤하게, 우스꽝스럽게 그 배치를 바꿔버렸습니다. 가령 일반적인 도전 장르에서는 등장인물이 성공할 확률이 1%라도 존재합니다. 그 도전이 미션임파서블 수준이더라도 말입니다. 이에 더해 시청자로 하여금 그 도전의 성공 가능성에 은근히 기대하게 합니다. 이것이 바로 '도전'이라는 장르가 '보통' 풍기는 분위기입니다.

그러나 <무한도전>의 도전은 2005년 '무모한 도전'이라는 초창기 제목에서 알 수 있듯, 도전의 성공 확률이 0을 넘어 마이너스로 보였습니다. <무한도전>에서 도전이란 '목욕탕 배수구보다 물 빨리 빼기'처럼 불가능에 가까운데다가 등장인물들은 '대한민국 평균 이하'라는 콘셉트를 유지했기 때문입니다. 이들이 하는 어떤 도전이든 성공에 대한 기대감은 없었습니다. 분명히 장르는 '도전'인데, 희한하게도 시청자는 등장인물이 어떻게 실패할지를 기대했습니다.

초창기 <무한도전>은 언제 종영될지를 걱정해야 했습니다. 멤버들과 스텝들은 <무한도전>이 올해도 폐지되지 않는다는 사실을 기념하면서 신기해했습니다. 그도 그럴 것이 <무한도전>은 이제껏 없던 문법의 '도전' 프로그램이었기 때문입니다. <무한도전>이 나오기 전까지 도전이라는 장르는 늘 '평균 이상'의 능력을 갖춘 멤버들의 성공 가능성 있는 도전기였습니다. 단적으로 <출발 드림팀>을 예로 들 수 있습니다. 이 프로그램에서 출연진(드림팀)은 장애물을 뛰어넘어 누구보다도 빨리 목적지에 도착하기 위해 도전했습니다. 이 과정에서 항상 '평균 이상'인 누군가는 승리하고, 성취하고, 더 높은 경지에 도전했습니다. 비록 도전에 실패하더라도 이들의 실패는 실패라기보다는 '아까운 실패'였습니다. 즉, 성공에 가까웠습니다. 마지막에는 모두 박수를 받았습니다. 퀴즈 프로그램 <도전! 골든벨>은 어떻습니까. '평균 이상'의 학생들이 가려지고 이들이 50번 문제를 풀기 위해 도전하고, 경쟁하고, 성취합니다. 이러한 비슷비슷한 프로그램들이 모여 '도전'이라는 장르의 통상적인 인테리어를 형성했는데 <무한도전>이 그것으로부터 멀리 벗어난 것입니다.

물론 <무한도전> 멤버들도 가끔 성공했습니다. 성공할 때면 정형돈이 "잘했어! 우리가 봤어!" 하고 대성통곡을 했지요. 그러나 그동안의 숱한 실패 속에서 이러한 성공은 특이점이 될 정도로 드문 '사건'이었습니다.

한편, <무한도전>은 다양한 장르가 포함된 리얼 버라이어티인 만큼, '도전'이라는 장르만 깨부순 것이 아닙니다. 가령 <무한도전>의 팬이라면 특집 <못생긴 친구를 소개합니다>를 기억할 겁니다. 이 특집에서 출연자는 더 못생겼다고 여겨질수록 더 높이 올라갑니다. 더 잘난 사람을 뽑는 미인대회 장르의 클리셰를 부순 것입니다. '무한도전 가요제'는 어떠합니까. 일반적인 가요제는 실력 있는 가수들의 프로페셔널한 무대입니다. 그러나 <무한도전>의 가요제에서는 무대에 오르기만 해도 환호성이 터지는 쟁쟁한 가수들이 무대에 오르기만 해도 웃음을 만드는 멤버들과 함께했습니다. 이들이 함께 무대에 올라 멋지면서 동시에 우스운 노래를 부르는 순간 시청자는 웃어야 할지 감탄해야 할지 모르게 됐습니다. 유능한 형사와 지능적인 범인이 박진감 넘치는 쫓고 쫓김을 선보이는 영화나 드라마의 추격전과 달리 예능에서 처음 시도된 <무한도전>의 추격전은 너무나 허술했기에 시청자는 웃음을 터뜨렸습니다.* 일반적으로 게스트를 존중하는 진지한 이야기로 채

---

\* 예능에서 '추격전'이라는 용어는 <무한도전>에서 처음 쓰였습니다. 지금이야 <무한도전>스러운 추격전이 예능에서 흔하지만(더 이상 특이가 아니게 됐지만) 과거 추격전은 영화나 드라마에 등장하는 박진감 넘치는 장면이었습니다.

워지던 토크쇼는 게스트를 놀리는 자리가 되었습니다. 김태호 PD는 이런 식으로 비단 '도전'뿐만 아니라 다양한 장르의 뿌리를 흔들었습니다. "이 장르는 보통 이래~"에서 그 '보통'으로부터 멀리 벗어난 것입니다.

한편, 크리스토퍼 놀란 감독 역시 장르적 문법에서 벗어남으로써 당혹과 집중을 만들어냅니다. 놀란 감독은 영화 <덩케르크>에 대해 이렇게 말했습니다. "이 영화가 중시한 것은 잔혹한 묘사를 최소화해서 관객이 공포감에 눈을 돌리지 않고 스크린에 계속 몰입돼 서스펜스를 느끼게 하는 것이다." 전쟁 영화는 '보통' 잔인하고 참혹합니다. 그것이 일반적인 전쟁 영화의 인테리어입니다. 하지만 <덩케르크>에는 잔혹한 장면이 그다지 많이 나오지 않습니다. 등장인물들이 두려움에 떠는 모습과 무언가가 불에 타는 장면이 보이고, 멀지 않은 곳에서 포탄이 터지는 소리, 전투기가 날아가는 소리만 이따금 들릴 뿐입니다. 즉, 놀란은 "전쟁 영화 장르는 보통 이래~"의 '보통'에서 멀리 벗어나 당혹감과 집중을 만든 것입니다. 놀란 역시 김태호와 마찬가지로 장르에 정통하며 장르에서 벗어난 특이(特異)의 효과를 잘 알고 있는 것입니다.

57

# <무한도전>이 종영한 '진짜' 이유

　　<무한도전>은 괜히 종영한 게 아닙니다. 김태호 PD는 그 종영 이유에 대해 '시장의 변화'(플랫폼의 다양화로 인한 시청률 하락)를 지적했지만, 콘텐츠적인 면에서 <무한도전>이 종영하게 된 이유는 특이성의 상실에 있습니다.

　　<무한도전>이 장르적 파괴에 성공할 수 있었던 이유는 무엇보다 '평균 이하'의 멤버로 팀을 꾸린 것이 주효했습니다. 멤버들은 어떤 장르를 던져줘도 그 장르적 특성에서 멀어졌습니다. 그 이유는 너무나 당연하게도, 이들이 '평균 이하'를 표방했기 때문입니다. 어떤 장르를 던져주든 멤버들의 말과 행동은 일반인에게서 '보통' 기대되는 것과는 많이 달랐습니다. 그것이 연출이든 아니든 말입니다.

사실 주말 황금시간대 공중파 예능에 나오는 코미디언들을 평균 이하라고 부르지는 못합니다. 그러나 멤버들은 서로의 단점을 적극적으로 깎아내리는 등의 행위로 자신들이 평균 이하임을 적극적으로 표방했고, 제작진의 연출과 편집, 자막 또한 멤버들을 평균 이하로 보이게 만들었습니다.

따라서 <무한도전>의 쇠퇴는 어쩔 수 없는 운명이었습니다. 멤버들이 매회 더 큰 인기를 얻고 부를 얻으면서 누가 보더라도 '평균 이상'이 되어갔기 때문입니다. <무한도전>은 무려 13년 동안 멤버들을 계속해서 평균 이하로 보이게 하기 위해서 노력했습니다. 그러나 멤버들은 이제 누가 봐도 평균 이상이었습니다. 속된 말로, 깔 것은 외모밖에 없었습니다. 멤버들은 건물을 몇 채씩 사들이는 큰 부자가 돼 있었고, 말한마디, 행동 하나하나로 포털의 실검에 오를 정도로 사회적으로 큰 영향력이 생겼습니다. 누구나 부러워할 만한 집을 샀으며, 누구나 부러워할 만한 결혼을 했습니다. 그들이 어디에 어느 건물을 샀고 몇 억을 벌었다더라, 회당 출연료가 얼마라더라, 방송을 몇 개 한다더라 등의 소문은 거짓이 아니었습니다. 멤버들의 개인사업도 성공 가도를 달렸습니다. 겁 많고 허약했던 유재석이 멋진 잔근육으로 무장한 '런닝맨'이 된 것처럼요. 그러니까 그들은 이제 누가 봐도 평균 이상이었습니다. 그건 <무한도전> 제작진의 연출로도, 멤버들의 연기로도 가릴 수 없었습니다.

평균 이상이 하는 도전은 더 이상 장르적 특이점을 만들어내지 못했습니다. <무한도전>은 무모한 도전에서 그냥 '도전'이 되어버렸습니다. 파괴됐던 장르가 복구된 겁니다. 단적인 예로 <무한도전>이 자랑하던 콩트는 더 이상 옛날 같은 재미를 주지 못했는데요. 더 이상 서로 비하할 게 없어졌기 때문입니다. 그들에게는 이제 자랑하고 칭찬할 일밖에 남지 않게 됐습니다. '못친소' 특집은 더 이상 멤버들을 평균 이하로 보이게 하기 어려워지자 결코 평균 이상이 되기 어려운 멤버들의 외모를 이용한 것이라고 할 수 있습니다. 외모 비하를 코미디의 주요 소재로 사용했다는 점에서 좋은 특집이라고는 볼 수 없었습니다. 결국 2016년 두 번째 '못친소' 특집이 끝나고 2년 동안 <무한도전>은 그렇다 할 눈에 띄는 특집 없이 '노잼' 소리를 듣다가 막을 내립니다. 멤버들이 평균 이하임을 연출하지 못한다는 것은 더 이상 <무한도전>이 장르적 파괴를 만들기 어렵다는 말과 동일했습니다.

멤버들 자신도 그 사실을 인지했을 겁니다. 아마 더 이상 예전처럼 평균 이하를 내세우며 웃기지 못한다는 부담감이 생겼을 것입니다. 더 이상 길바닥 출신이 아니라 한강이 보이는 아파트에서 살게 된 노홍철이 초창기 '길바닥 개그'를 계속해서 해낼 수 있었을까요. 눈치 없다고 욕먹고 존재감 없던 정형돈이 돈가스 사업을 해 남부럽지 않게 성공하고서도 계속 눈치 없음을 연기할 수 있었을까요. 더 이상 예전 같지 않겠다는 부담감, 평균 이하인 척 시청자를 속인다는 자괴감 등이 멤버들을 짓누르지는 않았을까 합니다.

잠깐 옆길로 새서, <무한도전>이 2015년 '식스맨' 특집에서 다른 후보들을 제쳐두고 광희를 새로운 멤버로 받아들인 이유는 뭘까요. 저는 식스맨 특집을 할 당시 '내가 무한도전 PD라면 누굴 뽑을까' 하는 내기에서 이겨서 밥을 얻어먹은 적이 있는데요. 광희의 쾌활한 성격을 좋아하기도 했지만, 제가 광희라고 생각한 진짜 이유는 광희가 후보들 중에서 가장 '평균 이하'라는 콘셉트에 어울렸기 때문입니다. 몸이 약하다 못해 종잇장처럼 흔들리는 광희는 초창기 평균 이하를 표방한 멤버들과 가장 비슷했으며, 따라서 '무모한 도전'을 만들어내기에 가장 적합해 보였기 때문입니다. 당시 후보로 강균성, 최시원, 홍진경, 유병재, 서장훈, 전현무, 장동민이 있었는데요. 이들은 모두 당시 멤버들과 마찬가지로 평균 이상이었습니다. 따라서 '무모한 도전'에는 적합하지 않았습니다. 물론, 광희 역시 아이돌 출신으로, 엄밀히 말해서 평균 이하라고 할 수는 없었지만요. 한편, 2019년 시작한 MBC 예능 <놀면 뭐 하니?>에서 광희는 다시 한번 김태호 PD에게 선택받아 유재석과 호흡을 맞췄습니다.

# '오글거리는'
# 김은숙 드라마가 인기 있는 이유

**"러브가 무엇이오?"**

**"그걸 왜 묻는 거요?"**

**"하고 싶어 그러오. 벼슬보다 좋은 거라 하더이다."**

2018년 인기 드라마였던 tvN의 <미스터 선샤인>(극본 김은숙) 속 대사입니다. 이 손가락과 발가락이 오글거리는 대사들 덕에 아무 사이도 아니었던 두 주인공은 순간적으로 경계를 넘어 훅, 사랑이라는 바운더리 안으로 들어옵니다. *

한 드라마 안에서 키스신은 몇 번이나 될까요? 아주 특별한 경우를 제외하고 보통 한 드라마를 통틀어서 키스신은 많아야 두세 번 정

---

* 등장인물의 상태와 상황이 그동안의 흐름에서 심하게 변한다는 점에서 이를 '격변'의 개념으로도 설명할 수 있습니다.

도입니다. 그렇다면 드라마 한 회 분량의 전개에서 키스신이 일어나는 빈도는 평균적으로 몇 번일까요? 보통은 0에 근접할 것입니다.

화끈거리는 키스신을 상상해봅시다. 매력적인 두 주인공의 입술이 포개집니다. 오글거리는 손가락만큼, 두근거리는 심장 박동 수만큼 시청률도 상승합니다. 드라마에서 키스신이 나왔다 하면 '키스신에 최고 시청률 경신'이라는 제목의 기사들이 쏟아지지요.

우리나라 시청자들은 키스신이라는 극 중 최고의 특이점을 보기 위해 드라마를 끊지 못한다고 해도 과언이 아닙니다. 한국 드라마 플롯은 대부분 <로미오와 줄리엣>처럼 이루어질 수 없는 사랑을 이뤄내는 플롯이기 때문입니다. 대부분의 한국 드라마에서 지상의 과제는 사랑입니다. 키스신은 주인공의 사랑을 방해하던 모든 갈등 요소를 일순간에 끝내버리는 마침표 역할을 하며, 드라마의 최종 목표인 사랑을 완성합니다.

김은숙 작가의 <미스터 선샤인>을 이야기하다가 갑자기 '웬 키스신이냐?' 하실지도 모르겠습니다. 다 이유가 있었습니다. 김은숙의 작품이 인기 있는 이유가 바로 키스신처럼 듣자마자 얼굴이 화끈거리고

손가락과 발가락이 오글거리는 대사에 있기 때문입니다. 이 분야에서
김은숙은 독보적입니다. 그는 어떤 작가보다 이런 부류의 대사를 많이
사용합니다.

"내 방금 아주 중요한 결정을 했어. 자네에게 내가 누군지
도저히 모를 수 없는 자리를 줄까 해. 정태을 경위. 내가 자넬 내
황후로 맞이하겠다. 방금 자네가 그 이유가 됐어. 이 세계에 내
가 발이 묶일 이유." <더 킹:영원의 군주> 中

"너와 함께 한 시간 모두 눈부셨다. 날이 좋아서, 날이 좋지
않아서, 날이 적당해서... 모든 날이 좋았다." (드라마 <도깨비> 中)

"오전이랑 오후랑 진짜 다르네."
"제가 오전이랑 오후랑 어떻게 다른데요?"
"오전엔 되게 이쁘고, 오후엔 겁나 예쁘죠."

(드라마 <태양의 후예> 中)

"애기야 가자."
"이 안에 너 있다." (드라마 <파리의 연인> 中)

"길라임 씨는 몇 살때부터 그렇게 예뻤나?"

(드라마 <시크릿 가든> 中)

우리는 보통 사람이라면 하지 않을 느끼한 말을 어떤 사람이 했을 때, 그 말에 찌릿찌릿 손가락과 발가락이 오그라듭니다. 드라마 <도깨비>의 대사를 떠올려도 좋겠습니다. 예를 들어 "너와 함께 한 시간, 모두 눈부셨다. 날이 좋아서, 날이 좋지 않아서, 날이 적당해서, 모든 날이 좋았다"라는 대사를 절친한 친구에게서 듣는다고 상상해보십시오. 아마 별로 상상하고 싶지 않겠지만요. 자, 레드 썬!

듣는 순간 잠시 멍~ 하고 닭살이 돋았다가, "오글거려!"라고 말하겠지요. 멍~해진 이유는 현재의식이 잠시 날아갔기 때문입니다. 그렇습니다. 키스신과 마찬가지로 오글거리는 대사는 특이(特異)합니다. 콘텐츠 속 역할도 굉장히 유사합니다. 느닷없는 두 주인공의 키스신처럼, 오글거리는 말은 그 말이 고막에 닿은 상대방의 눈동자를 흔들리게 하고, 관계를 급진전시킵니다.

그런데 드라마 한 회 분량의 대사에서 오글거리는 대사가 나오는 횟수는 평균적으로 몇 번일까요? 다른 드라마에서는 키스신과 마찬가지로 보통 0에 근접하겠지만, 김은숙 작가의 작품들에서는 아닙니다. 김은숙 드라마를 보는 사람들은 유난히 많은 오글거리는 대사에 마치 키스신을 여러 번 보는 것과 같은 경험을 하게 됩니다. 그것이 바로 김은숙 드라마가 보통의 다른 드라마들과 다른 점, 즉 특이점입니다. 특이점(오글거리는 대사)이 많은 것이 김은숙 드라마의 특이점이라고 할 수 있습니다. 그 오글거리는 잦은 '간접 키스신'들로 인해 다른 드라마보다 더 집중도가 높게 되고, 그래서 다른 드라마보다 시청률이 높은 것입니다.

　여기서 질문. 오글거리는 것이 그렇게 좋으면 왜 다른 작가들은 이 오글거림을 잘 사용하지 않을까요? 잘 사용하지 않는다기보다는 쉽게 사용하지 못하기 때문입니다. 오글거림이 자칫하면 드라마를 망칠 수 있기 때문입니다.

　모든 콘텐츠는 실제 세상과 닮을수록 더 많은 시청자를 몰입하게 합니다.* 그 닮은 점이 시청자와 콘텐츠 사이 연결고리를 형성하기 때문입니다. 전문용어로 '핍진성이 있어야 한다'고 하는데요. 오글거리는 대사는 자칫 드라마의 핍진성을 떨어뜨릴 수 있습니다. 현실에서 아무도 하지 않을 말을 드라마의 등장인물들이 사용하면 그 드라마와 시

---

\* 성인 시청자는 만화영화를 잘 보지 않습니다.

청자 사이의 연결고리는 느슨해집니다.

그런데 김은숙은 오글거림을 최대한 자연스럽게 보이게 하는 데 도가 튼 사람입니다. 정확히 말하면 오글거림이 '그럴 만해'라고 인식될 수 있는 환경을 조성하는 데 전문가입니다. 김은숙은 특수한 환경에서는 오글거리는 말이 비현실적으로 느껴지지 않는다는 사실을 잘 알고 있습니다. 그리고 그 특수한 환경이 어떻게, 어느 정도로 특수해야 하는지 잘 알고 있습니다. 김은숙이 오글거림을 최대한 자연스럽게 보이게 하기 위해 사용하는 세 가지 법칙이 있습니다.

첫째로, 김은숙의 드라마에서 오글거리는 말을 사용하는 캐릭터들을 살펴봅시다. 전부 일반인이 범접하지 못하는 위치에 있거나, 능력이 특출나거나, 돈이 많고, 외모가 빼어난, 마치 절반은 신처럼 보이는 사람들입니다. <도깨비>의 주인공 김신(공유)과 저승사자(이동욱)는 실제로 사람이 아니기도 하지요.

<미스터 션샤인>에서 이병헌은 일제강점기 조선 반도에서 일본인을 포함한 그 누구도 쉽사리 건들지 못했던 미합중국 영사대리였습니다. 노비 출신에 능력만으로 그 자리에 오른 사람입니다. <파리의 연

인>의 박신양과 <시크릿 가든>의 현빈은 지적 능력, 외모 등 모든 면에서 완벽한 재벌이고요. <더 킹: 영원의 군주>에서 이민호는 키 187에 잘생기고 돈 많고 지적, 신체적 능력까지 출중한, 백마 타고 차원을 넘어온 대한제국의 황제입니다. <태양의 후예>의 송중기 역시 어디 하나 빠지지 않고, "그 어려운 일을 해내"는 신화적인 영웅입니다.

그리고 이들 모두의 공통점은 또 있습니다. 엄청난 능력이나 재력, 외모에도 불구하고 바보 같을 정도로 지고지순하며, 한 여자를 위해 모든 것을 포기할 준비가 된 로맨티스트라는 것입니다. 모두 이 세상에는 존재할 리 없는, 딴 세상에 있을 법한 사람들입니다. 그들이 사는 '딴 세상'은 우리가 잘 모르는 세상이며, 그 세상에서는 그런 오글거리는 말을 사용할 법하기에 그들이 어떤 오글거리는 말을 하더라도 시청자들은 이를 용인하는 것입니다.

두 번째 법칙은 '이룰 수 없는 녹진한 사랑이 중심이 되는 플롯'입니다. 김은숙의 드라마는 늘 녹차라테만큼 녹진한 사랑을 중심으로 전개되며, 오글거리는 말을 하는 주인공들은 항상 사랑의 열병에 푹 빠져 있습니다. 그리고 그들 앞에 있는 장애물이 크면 클수록 그 열병은 더 심해집니다.

69

아플 정도로 강렬한 사랑을 해봤다면 그 사랑이 사람을 무모하게 만들고 겁 없이 아무 말이나 지껄이게 한다는 것을 잘 알 것입니다. 김은숙은 아주 녹진한 사랑을 통해 등장인물들이 오글거리는 말을 하더라도 "사랑하니까"라고 용인할 수 있는 상황을 만든 것입니다.

김은숙 작가의 모든 작품에 해당하는 법칙은 아니지만, 마지막 법칙은 '생과 사가 긴밀히 함께하는 세계관 설정'입니다. 사람이 죽을 때가 되면 안 하던 짓을 하게 된다는 말이 있듯, 안 하던 말도 하게 됩니다. 가령 <도깨비>에는 죽고자 하는 도깨비와 끝없는 죽음과 함께하는 저승사자가 등장합니다. <태양의 후예>는 긴박한 전쟁 지역을, <미스터 션샤인>은 죽음이 흔했던 일제강점기를 세계관으로 설정합니다. 언제 죽을지 모르는 불안정한 세계관, 그래서 "오글거려"라는 생각이 들더라도 "곧 죽을지도 모르는데 무슨 말을 못 하겠어, 이 세계관에서는 그래"라는 변명이 가능해집니다.

# '명작' 캐릭터 설정의 비밀 : 선과 악, 그 사이 어딘가 (feat. 에미상 수상작)

미국 방송계 최고의 영예인 에미상을 수상한 드라마 <하우스 오브 카드>와 <브레이킹 배드>, 그리고 <덱스터>를 명품으로 만든 것은 캐릭터 설정에 있어서의 특이점입니다. 결론부터 말하면, 세 드라마의 주인공 모두 선인인지 악인인지 구분하기가 모호한 캐릭터이고, 그러한 캐릭터는 '보통' 콘텐츠들에서 쉽게 볼 수 없습니다.

<하우스 오브 카드>에서 정치인 프랭크 언더우드와 그의 아내 클레어 언더우드는 소시오패스 정치인입니다. 이들은 목적을 위해 수단과 방법을 가리지 않는데요. 심지어 살인까지 저지르고도 별 가책을 느끼지 않습니다. 때문에 권모술수가 난무하는 비정한 정치판에서조차 두 사람의 적수는 없습니다.

그런데 드라마에서 두 사람은 마냥 악인으로 비치지만은 않습니다. 악인이 날뛰는 공간이 다른 곳이 아닌 정치판이기 때문입니다. 권모술수가 난무하며 서로가 서로를 밟고 올라서기 위해 악을 쓰는 정치판에서 아이러니하게도 승리는 그 자체로 미덕입니다. 정치에 있어서 승리란 이기적인 것이 아니라 지지자의 마음을 얻었다는 의미이기 때문입니다. 언더우드 부부는 권력을 얻기 위해 수단과 방법을 가리지 않는 소시오패스라는 점에서 '악'이지만 그들의 승리는 국민의 마음으로부터 온다는 점에서 '선'일 수 있는 것입니다.

더 쉽게 말하면, 그들은 국민의 마음을 얻기 위해서 수단과 방법을 가리지 않는 셈입니다. 실제로 드라마에서 그들은 권모술수로 정적들을 쓰러뜨려 가는 동시에 다수의 마음을 얻고, 또 국가 발전에 이바지하게 됩니다. 따라서 시청자들은 냉혈한인 두 사람을 욕하다가도 정치적으로 승승장구하는 주인공 부부를 응원하게 되죠. 우리가 정치인들을 욕하면서도 선거철마다 표를 던지는 것과 비슷합니다. 정치판에서는 선과 악의 구분이 모호하니까요.

선과 악의 구분이 모호한 것은 <브레이킹 베드>의 주인공 역시 마찬가지입니다. 가난한 화학 교사 월터는 빚에 쪼들리고, 설상가상으로

암에 걸려 시한부 선고를 받습니다. 그동안 가족에게 아무것도 해주지 못했을 뿐 아니라 어마어마한 병원비까지 남기고 간다고 생각한 월터는 가족에게 돈이라도 남기고 죽기 위해 마약 제조 및 판매에 뛰어들게 되는데요. 암흑세계와 엮일수록 문제가 발생하고, 어찌어찌해서 마약왕까지 돼버리고, 결국 살인까지 저지르게 됩니다. 드라마가 전개될수록 어느 누구보다 윤리적이었던 이 화학 교사는 영리하고 냉정한 악당으로 변모합니다. 경찰이나 갱단에 잡히지 않는 것이 곧 가족을 위한 일이 돼버렸기 때문입니다. 월터는 자신의 행동에 큰 죄책감을 느끼는 한편 생전 처음으로 자유롭게 살아보는 데서 오는 희열을 즐기는 이중적인 상태가 됩니다. 시청자는 이런 월터를 응원해야 할지 비난해야 할지 쉽게 결정하기 어렵습니다.

73

선과 악이 섞여 있는 캐릭터 설정은 <덱스터>에서도 이어집니다. 주인공 덱스터는 원칙에 따라 살인마만 골라 죽이는, 소위 '착한 살인(?)'만 하는 사이코패스 법의학자입니다. 살인은 그 자체로 악이지만 이 악이 살인마를 처단하는 선한 도구로 쓰인다는 점에서 덱스터가 악인이냐 선인이냐를 판단하기는 어렵습니다.

이렇게 선과 악이 모호한 캐릭터 설정은 특이(特異)합니다. 완벽한 선이나 완전한 악으로 치우치는 캐릭터는 만들기 쉽습니다. 그러나 선과 악 사이에서 모호한 캐릭터를 만드는 건 결코 쉽지 않습니다. 명작이라고 불리는 드라마에는 굉장히 다층적인 주인공이 등장합니다. 조금 과장하면 그래서 명작 칭호를 얻었다고 할 수도 있습니다. 반면, 대다수 드라마에서는 주인공이 선과 악, 두 갈래 길에서 명확히 선을 택하는 경우가 많습니다. 그리고 가끔 극 중 선과 악이 모호한 캐릭터가 등장하면 조연이더라도 높은 인기를 얻습니다.

또한, 선과 악이 모호한 캐릭터 설정은 그 자체로 특이할 뿐 아니라 현실을 반영하는 것입니다. 일반적으로 드라마는 핍진성이 높을수록 주목받습니다. 콘텐츠가 현실과 닮아있어야 시청자는 공감하기 때문입니다. 현실에서 우리 인간은 선이나 악 어느 한쪽으로 치우치지 않습니다.

선과 악의 경계를 훌륭하게 표현한 드라마가 있어 추천합니다. 미드 <빌리언스>입니다. 이 드라마는 모든 등장인물이 선과 악의 경계를 마치 능숙한 광대가 외줄을 타듯 넘나듭니다. 이 사람이 착한가? 하다가도 아닌가? 갸우뚱하게 되지요. 금융 관련 지식을 어느 정도 알아야 편하게 볼 수 있어 다소 진입장벽이 높은데도 불구하고 캐릭터들의 매력 덕분에 호평받고 있습니다.*

십 년 동안 아홉 개 시즌이 나온 인기 미드 <슈츠> 역시 추천합니다. 우리나라에서 리메이크되기도 했지요. <슈츠>의 주인공 마이크 로스는 하버드대 로스쿨을 졸업했다고 사기를 치고 변호사 자격도 없이 뉴욕에서 가장 큰 로펌 '피어슨 하드먼'에 취직합니다. 로스는 가짜 변호사라는 사실을 숨기기 위해 계속해서 거짓말을 하고 부도덕한 행동으로 사람들을 속이기도 하지만 변호사로서는 정의롭습니다. 선과 악이 모호한 것은 로스뿐만이 아닙니다. 피어슨 하드먼의 변호사들 역시 철저히 자본의 논리를 따르는 비정한 법조 활동을 하는 한편, 정의로운 마이크 로스로 인해 때때로 양심을 지키는 선한 행동을 하게 됩니다. 시즌이 넘어갈수록 정의로웠던 몇몇 변호사들이 로스의 거짓말을 감춰주기 위해 정의를 포기하기도 하지요. 이렇게 <슈츠>는 로스를 중심으로 한 거의 모든 등장인물의 선과 악의 경계가 모호해집니다.

마지막으로 김희애·유아인 주연의 드라마 <밀회> 역시 탁월하게 그 경계선을 탑니다. 김희애와 유아인은 오염된 세상 속 순수함을 상징

---

* <빌리언스>는 함께 언급한 다른 드라마들의 인기를 넘지 못할 것으로 보입니다. 다섯 번째 시즌이 앞의 모든 시즌을 망가뜨렸습니다. 네 시즌 동안 서로 아치 에너미(Arch-enemy)였던 두 주인공이 시즌5에서 친구가 돼버렸기 때문입니다. 조커가 배트맨의 친구가 돼버린다면 어떨까요? 만약 그랬다면 배트맨은 지금만큼 인기 있지 않았을 겁니다. 콘텐츠에서 아치 에너미는 그 존재 자체만으로 불안정성을 조성합니다. 불안정성은 어떤 장면이든 당혹감과 집중도를 높이는 재미의 증폭제입니다. 다행히 시즌6에서 적대 관계가 복구됐지만 시즌5가 망쳐버린 재미는 회복하기 어려웠습니다.

하지만, 이들의 사랑은 명백한 불륜이기에 지탄받습니다. 반면에 악역

인 듯 보였던 조연들의 입장은 한편으로 시청자의 공감을 삽니다.

# 특이한 '맛'이 있다

맛에는 단맛, 신맛, 짠맛, 쓴맛에 더해 감칠맛이 있습니다. 감칠맛은 기본적인 네 가지 맛으로는 설명할 수 없는 독특한 맛인데요. 맛있는 음식에는 반드시 존재하는 맛입니다. 단맛은 설탕, 신맛은 레몬, 짠맛은 소금, 쓴맛은 자몽이나 커피 등에서 쉽게 얻을 수 있습니다. 그런데 감칠맛은 다른 맛과 달리 번거롭고 까다로운 가공을 거쳐 만들어집니다. 따라서 우리는 어떤 음식에서 다른 맛보다 감칠맛을 만나기 어렵습니다.

감칠맛이 나는 이유는 단백질을 구성하는 물질 중 하나인 '유리 글루탐산' 때문입니다. 문제는, 어떤 단백질이든 유리 글루탐산이 그 단백질에서 차지하는 비중이 겨우 2% 정도밖에 되지 않는다는 것입니다. 고기를 삶아 낸 우리나라의 육수, 일본의 '다시'와 가츠오부시, 서양의 스톡, 콩 단백질을 분해한 간장, 우유 단백질로 만드는 치즈 등이 감칠맛을 추출하려는 인류의 노력이었습니다.

특이의 관점에서 보면, 감칠맛은 '보통' 맛에서 벗어난 맛입니다. 콘텐츠의 특이점이 사람을 당황하고 집중하게 하듯, 감칠맛 있는 음식이 앞에 있으면 사람들은 말을 적게 하고 입안에 음식을 집어넣기 바쁩니다. '음!'이라는 감탄사가 절로 나오고, 다른 생각이 나지 않습니다. 그래서 인류는 음식에 최대한 많은 감칠맛(특이)을 담아내기 위해 노력해왔습니다.

여기서 재미있는 사실 한 가지. 맛의 고장 전라도에서는 "감칠맛이 난다"를 "개미지다"로, '재미있다'를 '재미지다'라고 표현합니다. '재미지다'와 '개미지다'. 어쩐지 닮지 않았나요? 둘 다 '특이'가 담겼다는 의미입니다. 그런데 여기서 갑자기 맛의 대부 백종원이 등판합니다. 백종원은 <골목식당>에서 요리를 먹어보고 가끔 "재미있네?" "음, 여기 재미있는데?"라고 말합니다. "맛이 별로일 때 이런 말을 쓰지 않느냐?"라는 질문에 백종원은 "진짜 맛있을 때도 재미있다고 한다. 다만 다른 곳과 조금 다를 때 그런 표현을 하는 것"이라고 답했습니다. 백종원은 무

엇이 개미 있는지 뿐만 아니라 무엇이 재미있는지를, 즉 특이(特異)를 아
는 사람이었습니다.

그런데 뜬금없지만, 드라마 장르에도 '감칠맛'이라고 부를 만한 것
이 있습니다.

# 막장, 욕하면서도 계속 보는 이유

**막장**(갱도의 막다른 곳)**과 드라마의 합성어,**

**막장드라마.**

막장드라마는 정의내리기가 퍽 쉽습니다. 어떤 드라마를 볼 때, 입에서 욕이 나온다면 그 드라마는 막장드라마입니다. "진짜 막장이다. 막장." 이런 욕 말입니다. 이런 욕이 나오는 이유는 막장드라마의 소재가 불륜이나 불효, 폭력, 범죄, 출생의 비밀, 말도 안 되는 사건 등 비윤리적이고 비상식적인, 극단적인 특이점이기 때문입니다. 이것이 특이점인 이유는 싸움구경이나 불구경과 그 논리가 같습니다. 즉, 막장 소재는 우리 인생에서든 콘텐츠에서든 '보통'에서 크게 벗어나는 것입니다.

혹자는 막장드라마를 '개연성이 없는 드라마'라고 설명하기도 하는데, 개연성이 있느냐 없느냐로 막장드라마를 구분할 수는 없습니다. 어떤 막장드라마는 철저하게 논리적이며 개연성을 갖추고 있는 반면 어떤 막장드라마는 그렇지 않습니다. 막장이냐 아니냐를 구분하기 위해서는 그저 드라마의 소재가 막장인지 아닌지를 따지는 것이 더 합리적으로 보입니다.

우리나라에서 높은 시청률로 화제가 됐던 드라마들은 대부분 막장이라고 부를 만한 소재가 있습니다. 가령 <부부의 세계>와 <펜트하우스>처럼요. 방송국에서 욕을 먹으면서까지 계속해서 막장드라마를 제작하는 이유입니다. 막장이 흥행을 보장한다는 걸 알기 때문에 계속 막장 소재를 이용하는 것입니다.

드라마의 부실한 퀄리티를 막장 소재가 압도한 드라마들도 있습니다. 단적인 예로 대표적인 막장드라마 <부부클리닉 사랑과 전쟁>은 개연성도 없고 막 찍었다는 비판이 많았고, <개그콘서트>와 같은 시간대에 방영했음에도 마니아층이 탄탄했죠. 1999년부터 2014년까지 방영한 이 드라마의 시청률은 웬만한 요즘 드라마들보다 높았습니다. 막장드라마에 담긴 극한의 특이점이 시청자의 입에서 욕이 나오게 하는 한편 극도의 당혹감과 집중을 유도해 다음 장면을, 그리고 다음 화를 보게 했기 때문입니다.

막장드라마를 하나의 '장르'라고 부를 수 있을 정도로 막장드라마가 흔한 우리나라에는 막장드라마를 쓰는 작가들 역시 많습니다. 그런데 흥미로운 것은 극한의 특이점을 만드는 막장드라마 작가들은 어쩐지 경쟁적으로 다른 작가들보다 더 독특한 막장을 만들어내기 위해 노력하는 것처럼 보이기도 한다는 점입니다.

막장드라마 작가들 중에서도 독보적인 막장을 구사했던 작가로는 단연 임성한 작가를 꼽을 수 있습니다. <압구정 백야>, <오로라 공주>, <신기생뎐>, <하늘이시여>, <인어아가씨>, <보고 또 보고>, <보석 비빔밥>, <아현동 마님> 등이 그가 쓴 작품입니다. 그의 작품들은 막장드라마 중에서도 특이했는데요. "암세포도 생명"이라며 항암치료를 포기하는 스토리는 압권입니다. 귀신에 빙의해 투시능력을 발휘하고, 웃다가 죽습니다. 한 드라마에서는 등장인물 열두 명이 죽어서 하차합니다. 심지어 어떤 등장인물의 눈에서는 레이저가 나옵니다. 시청자는 욕을 해댔지만, 결과적으로 대부분의 작품이 아주 높은 시청률을 기록했습니다.

임 작가는 2015년 은퇴했지만 그 뒤로 나온 막장 드라마들은 아직도 그가 만들어낸 막장의 독특함을 따라가지 못합니다. "중간은 없다"는 말이 가장 잘 어울리는 작가, 누군가는 욕을 했겠지만 욕하는 그 누군가도 임 작가가 그린 특이점에서 채널을 돌리기 어려웠을 겁니다.

# '관종'… 특이해야 산다

**언제부턴가 일반명사로 굳어진 '관종'.**

이들은 관심에 갈급합니다. 누가 봐도 특이하다 싶은 튀는 행동이나 말을 통해 대중이 자신에게 당혹하고 집중하게 합니다.

사실 생물학적으로 우리는 모두 관종의 시기를 거칩니다. 미치 프린스틴 노스캐롤라이나 대학 임상심리학과 교수의 책 『모두가 인기를 원한다』에 따르면, 모든 종류의 보상에 반응하는 뇌의 '복측 선조체'가 유독 청소년기 사회적인 보상을 경험할 때 활성화됩니다. 따라서 청소년기에는 어떻게 하면 더 많은 인기를 얻을 수 있는지를 과도하게 고민하게 됩니다. SNS만 보더라도 청소년들이 더 많은 '좋아요'를 받기 위해,

혹은 구독자 수를 늘리기 위해 노력하는 모습을 쉽게 볼 수 있지요. 그러니까 관종은 하나의 특이한 '종'이 아니라, 우리 모두가 거치는 시기인 셈입니다.

인터넷 방송인 중에 30대가 넘어서 방송을 시작한 사람을 찾아보기 힘든 이유도 여기에 있습니다. 간혹 있긴 하지만, 이들 역시 10대나 20대 방송인들처럼 관종 방송을 하는 경우는 드뭅니다. 즐기는 사람을 이기지 못한다고 했던가요. 생물학적으로 타인의 관심을 끌고 싶어 하는 10대 20대 방송인들과 그렇지 않은 30대 이상의 방송인들은 애초에 '관종력' 자체가 다릅니다.

그런데 개인방송을 해서 돈을 벌려는 사람들은 사실 관종이 돼야만 합니다. 인기 아이돌 그룹처럼 대형 기획사가 알아서 그들을 홍보해주지 않기 때문입니다. 이들은 혈혈단신 자신을 알려야 합니다. 사람들의 당혹과 집중을 끌어내야 합니다. 예를 들어 아프리카TV에서는 엄청나게 많은 BJ들이 시청자를 모으기 위해 노력하는데, 남들과 다른 특이한 행동과 말을 하지 않으면 이 무한경쟁의 플랫폼에서 살아남을 수 없습니다. 일반적으로 인터넷 방송 플랫폼들은 시청자 수가 많은 순으로 사이트에 노출하는데요. 평범한 채널들은 아예 존재하는지조차 모르게 되는 경우가 많습니다. 인기 방송인들이 얼마나 능숙하게 '특이'를 만들어내 시청자의 이목을 모으는지 보면 그 천재성과 노력에 감탄이 나옵니다.

물론, 유튜버 제이플라뮤직(1,690만, 이하 2021년 2월 11일 기준 구독자 수)의 제이플라나 기타연주가 정성하(660만), 뷰티 유튜버 포니 신드롬(583만), 춤을 가르치는 웨이브야(372만)처럼 남들이 가지기 힘든 독보적인 예체능 능력으로 특이점을 만드는 이들도 더러 있습니다, 그러나 이들 같은 사람은 아주 드뭅니다. 예체능이 전반적으로 상향 평준화돼있기 때문입니다. 상향 평준화된 능력들을 넘어서서 '특이'를 일으키기는 매우 어렵습니다. 가령 유튜브에는 노래나 악기 연주를 하는 수많은 사람들이 자신의 영상을 올리지만 이 채널들은 대개 구독자 수 100명을 넘기지 못합니다.

반면, 관종 행위로 '특이'를 일으키는 일은 한결 수월합니다. 관종 행위는 상향평준화되지도 않았으며, 관종 행위를 하는 이들 자체가 드뭅니다. 따라서 무엇이든 '보통'이라고 판단되는 범위에서 벗어나는 말이나 행동을 하면 일단 타인의 관심을 끄는 데 성공할 가능성이 매우 높습니다. 유튜버 <에나스쿨>이 훌륭한 예가 될 수 있겠습니다.

인터넷 방송인들이 특이(特異)를 만들어내려는 노력들을 살펴보겠습니다. 예컨대 저는 '먹방'이라고 쓰고 '과도하게 많이 먹기'라고 읽습니다. 먹방 방송인들의 공통점은 기본적으로 엄청나게 많이 먹는 것입니다. 이들은 평균적인 사람들이 먹는 양보다 몇 배는 더 먹습니다. 이것이 먹방의 가장 큰 특이점입니다. 특별히 먹는 모습이 복스럽거나 말을 잘한다거나 하는 것은 부차적입니다. 물론, 아주 자극적이거나 기괴한 음식, 굉장히 비싼 음식, 새로 나온 음식을 먹는 것도 먹방의 특이점이 됩니다.

실험 영상을 올리는 유튜버들이 선택하는 주제는 학교 과학 시간에 하는 지루한 과학실험이 아닙니다. 콜라가 가득 담긴 욕조에 멘토스를 집어넣거나, 콘센트에 쇠젓가락을 꽂아 고기를 굽거나, 과자봉지로 배를 만드는 등 보통 사람은 생각조차 안 하는 일들입니다. 이른바 '정의 구현' 유튜버들도 있습니다. 이들은 보통 사람은 참고 넘겼을 불편한 문제들을 통쾌하게 해결합니다. 예를 들어 층간소음을 유발하는 윗집의 윗집으로 이사를 하거나 사기를 쳐서 돈을 갈취하는 사이비 종교를 찾아가 바른말을 하는 식입니다. 없는 상품을 파는 중고차 딜러에게 장난 전화를 하는 것도 정의 구현의 일종입니다.

꼭 어떤 '행동'만이 관심을 끌지는 않습니다. 제가 좋아하는 스트리머 중에 웹툰 작가 이말년이 있습니다. 늘 앉아서 방송하는데요. 아무것도 하지 않는 소위 '마가 뜨는' 장면들이 많고, 자극적인 말도 잘 하지 않지만, 그는 트위치에서 가장 많은 시청자가 찾는 스트리머 중 한 명입니다. 그의 콘텐츠 중에는 '~월드컵'이라는 콘텐츠가 가장 인기 있는 축에 속합니다. 그저 사진을 보고 아무 말이나 하는 콘텐츠입니다. 그런데 그것이 참 재미있습니다. 과거 그의 만화는 그 전개가 '기승전병(맛)'이어서 인기를 끌었는데, 그의 말도 그런 식으로 전개되기 때문입니다. 그는 보통 사람은 하지 않는 엉뚱한 생각을 하는 재능이 있습니다.

한편, '특이'를 만들되 결코 선을 넘어서는 안 되겠습니다. 그러나 일부 방송인들은 선을 넘습니다. 패륜적인 욕을 하거나 폭력을 행사하는 식으로 관심을 끌려 합니다. 남에게 상처가 될 말을 하거나, 하지 않아도 될 말을 하거나, 범죄를 묘사하거나, 가짜 뉴스를 진실인 양 떠벌리기도 합니다. 이들은 늘 논란의 중심에 섭니다. 고소·고발당하거나, 계정이 정지당하는 일도 빈번합니다. 이런 방송인 중에는 엄청난 수익을 올리는 이들도 적지 않습니다. 특·전·격이 불쾌하다면 그것은 재미있을 수 없습니다.

'선을 넘는' 관종이 늘어나는 사회는 왠지 씁쓸합니다. 한편으로는 이들도 사회적으로 지탄받는 행위를 하면서까지 돈을 벌고 싶지는 않았을 겁니다. 일부 인터넷 방송인들이 선을 넘는 이유도 생각해 볼 필요가 있다는 겁니다. 누군가는 아무리 열심히 살아도 처지가 나아지지 않겠다는 생각에 이러한 선택을 했을지도 모릅니다. 래퍼 에미넴이 "꿈은 높은데 현실은 시궁창이야"라며 수많은 욕이 담긴 랩을 뱉었던 것처럼요. 우리는 선을 넘는 관종들을 비판함과 동시에 가지지 못한 사람은 정상적인 방법으로는 아무리 노력해도 잘 살지 못하고, 가진 자는 별 노력하지 않아도 더욱더 잘 사는 사회 역시 비판해야 하지 않을까요. 비록 그것이 해결하기 어려운 문제일지라도 말입니다.

# 힙한 갬성

**'힙하다'라는 단어를 아시나요?**

어느 순간부터 젊은 세대에서 일상어로 쓰이는 단어입니다. 네이버 국어사전에서 이 단어를 찾아보면 "고유한 개성과 감각을 가지고 있으면서도 최신 유행에 밝고 신선하다" "영어 단어인 힙(hip)에 '하다'를 붙인 말로 새로운 것을 지향하고 개성이 강한 것을 의미한다"라고 적혀있습니다. 그러나 이 모호한 뜻풀이가 명확하게 와닿지 않는 것은 필자만이 아닐 겁니다.

tvN 드라마 <알함브라 궁전의 추억>의 정민주(배우 이레)는 드라마에서 "('힙하다'는) 안 평범해서 좋다는 거예요"라고 말합니다. 사전의 뜻풀이보다 적확한 표현이라고 생각합니다. 평범함으로부터 멀어지면 그건 '힙'입니다. 즉, 힙한 것은 특이(特異)이고 그 힙한 어떤 것은 따라서 사람들을 당혹하고 주목하게 합니다.

'갬성'은 힙하다보다 좀 더 모호합니다. 아무리 사전을 찾아도 그 의미가 제대로 설명되지 않으나, 인스타그램에는 '갬성'이라는 해시태그가 붙은 게시글만 대략 100만 개가 넘게 있습니다. 이 단어의 사용량 빅데이터를 분석해보면 2016년 말부터 그 사용량이 마치 지수함수 그래프처럼 급증했습니다.

이 단어는 백문이 불여일견입니다. 인스타그램에서 이 단어를 검색해 나오는 사진들을 보면 그 의미가 무엇인지 알 수 있습니다. 사진들은 하나같이 작품 사진처럼 분위기가 있고, 느낌 있고, 감성적입니다. '갬성 사진'에는 그냥 사진에 없는 공들인 연출이 더해집니다. 특별한 느낌이 나는 필터는 기본, 사진이 잘 나오는 장소를 찾고, 사진이 잘 나오는 시간을 기다리며, 사진이 잘 나오는 렌즈를 장착하고, 조명을 치고, 예쁜 물건들을 배치하고, 마치 모델이나 배우처럼 자세를 잡고 찍은 사진입니다. 즉 갬성은 '그냥 사진'이라는 보통의 범주에서 멀어지려 노력한 결과물입니다.

언젠가부터 갬성 카페, 갬성 식당, 갬성 술집, 갬성 전시회 등 갬성 사진 마케팅이라는 말도 생겨났습니다. 그냥 사진이 습작이라면 갬성 사진은 공들인 작품이기 때문에, 멋진 사진을 위해 대신 공들여 드리는 마케팅인 셈입니다.

사진기가 흔하지 않던 10년 20년 전과 비교해 평범한 사진은 이제 너무도 흔합니다. 더 이상 이목을 끌지 못합니다. 스마트폰 카메라로 영화를 찍을 정도로 기술이 발달해 누구나 '보통' 사진은 찍을 수 있기에 사람들은 이제 공들인 연출로 갬성 사진을 찍는 겁니다. 이렇게 힙과 갬성의 근원에는 '특이'를 좇는 욕망이 있습니다.

# 아무것도 안 해야 더 재미있다

**〈PMC: 더 벙커〉와 〈더 테러 라이브〉, 같은 감독 같은 배우, 다른 재미**

<PMC: 더 벙커>와 <더 테러 라이브>, 한 감독의 두 영화, 주연까지 하정우로 같습니다. 그런데 관객 수는 다섯 배 가까이 차이가 났습니다. 어떤 영화가 더 많은 관객을 유혹했을까요?

<PMC: 더 벙커>는 일단 화려합니다. 남한과 북한, 미국의 용병들이 땅굴 안에서 총격전을 벌입니다. 이들은 복잡한 국제 관계에 의해 얽혀 있습니다. 액션은 화려함 일색입니다. <미션 임파서블> 같은 할리우드 영화에 나올 법한 신무기도 등장합니다. 반면, <더 테러 라이브>

는 영화가 진행되는 1시간 37분 동안 카메라가 대부분 방송국 안을 비춥니다. 영화는 오로지 앵커 하정우가 폭탄테러범과 통화하는 장면만을 보여줍니다.

이 두 영화를 보지 못했다면 이러한 설명만으로 <PMC: 더 벙커>가 더 많은 관객을 동원했다고 생각할지 모르겠습니다. 하지만 다섯 배 많은 관객이 찾은 영화는 <더 테러 라이브>였습니다. 왜일까요? 그 이유는 이 영화가 특이(特異)했기 때문입니다.

'보통' 블록버스터 영화들과 달리 <더 테러 라이브>는 정적인 장면만을 통해 관객의 심장을 뛰게 했습니다. 영화를 많이 보는 사람이라면 이런 영화가 아주 드물다는 사실을 알 것입니다. 특히 테러를 소재로 한 영화들은 일반적으로 화려한 액션신과 여러 장소에서 벌어지는 굵직굵직한 시퀀스들로 관객의 입을 다물지 못하게 합니다. 그러나 <더 테러 라이브>는 방송국 앵커와 테러범의 전화 통화만으로 그러한 당혹감을 일으켰습니다.

<더 테러 라이브>와 비슷한 영화로는 <폰 부스>(2002), <맨 프럼 어스>(2007), <베리드>(2010), <터널>(2016) 등이 있습니다. 이 영화들에서 카

메라는 제한된 공간만을 비췄습니다. <더 테러 라이브>가 방송국이었
다면 <폰 부스>는 공중전화 부스였고, <맨 프럼 어스>는 거실, <베리
드>는 관, <터널>은 터널이었습니다. 모두 러닝타임 동안 주인공이 한
장소에서 거의 움직이지 않지만, 아주 화려한 영화들 못지않은 당혹감
을 이끌어냈습니다. 드라마 <태양의 후예>의 대사처럼 "그 어려운 걸
해냈"기 때문에 이 '특이한' 영화들에는 호평이 쏟아졌고 더 많은 관객
의 시청으로 이어졌습니다.

반면 <PMC: 더 벙커>는 화려했지만 '그래서 뭐? 뻔해, 새로울 게
없어' 같은 생각이 들게 했습니다. 영화 자체는 화려하지만, 화려한 상
업영화는 흔하기 때문입니다. 영화계에 화려함이 흔하다면 화려함은
'보통'의 범주에 있습니다. 통상적인 화려함을 넘어선 화려함을 주거나,
그러한 화려함만큼의 당혹감을 일으키는 '안' 화려함을 생각해야 특
이점을 만들 수 있습니다.

한편, 평범한 화려함 속에서 <PMC: 더 벙커>는 그 플롯 역시 클리
셰였습니다. 의도치 않게 함께 역경을 이겨내야 했던 적대적인 두 등장
인물(남한과 북한)은 역경 속에서 결국 친구가 됩니다. 영화는 결말이 뻔
히 보이는 만화영화처럼 예상 가능했습니다. 등장인물이 처한 상황이

아무리 급격하게 변해도 그 격변이 클리셰라면 특이하지 않습니다.

영화에는 관객이 한 시간 반이라는 긴 시간 동안 집중할 수 있을 만큼의 끊임없는 특·전·격이 필요합니다. 하정우라는 대배우를 등장시킨 것은 특이점이라고 할 수 있지만, 아무리 배우가 좋아도 배우 혼자 오롯이 영화가 지향해야 할 수많은 특·전·격을 짊어질 수는 없습니다. "저는 잘 차려진 밥상에 숟가락을 얹었을 뿐"이라는 황정민의 말처럼 영화는 혼자만 잘해서는 안 되는 축구 경기와 같기 때문입니다. 메시가 2부 리그 팀에서 뛴다면 좋은 성과를 기대하기 힘든 것과 마찬가지입니다.

# 전의(轉意)

생각이 바뀜, 의미가 바뀜

**"왜 이제야 오셨습니까?"**

한 돌팔이 의사가 처음 만난 환자에게 가장 먼저 하는 말이라고 합니다. 조금이라도 늦었다면 아주 큰 일 날 뻔했다는 그 말에 환자는 마음이 덜컥 내려앉습니다.

**잠깐 동안의 공황 상태.**

그렇게 밑밥을 깐 의사는 회심의 미소를 지으며 낚싯줄을 던집니다. "그래도 이제라도 오셨으니 다행입니다…"

미약한 허리통증으로 병원에 간 제 친구의 척추에는 그리하여 대못 같은 주삿바늘이 꽂혔습니다. 반전은, 맞지 않아도 되는 주사였다는 것입니다.

제가 이 장에서 말하려는 것은 바로 이것입니다. 시청자의 생각을 바꾸는 무언가는 시청자를 당혹하고 집중하게 한다. '그렇게까지 심하진 않아'라는 생각을 바꿔버린 의사의 말이 친구의 현재의식을 마비시키고 오직 의사의 입만을 바라보게 한 것처럼요. 재미를 만드는 첫 번째 원리가 '특이'라면, 두 번째 원리는 '전의'입니다.

"그런데 당신, 왜 이제야 오셨습니까?"

저는 줄곧 당신을 기다리고 있었습니다. 당신에게 재미의 원리를
전해주려고요.

# 아재개그 넘버 원
# BJ '임다'와 펀치라인

어떤 단어의 의미를 바꾼다는 것은 곧 그 단어가 가진 생각을 바

꾸는 것입니다.

질문: 세상에서 가장 작은 동물은?

답: 소(小)

질문: 소고기가 실수를 하면?

답: 미스테이크

질문: 펜이 엄청 많으면?

답: 싸인펜

질문: 달이 지하철역에 있으면?

답: 달력

질문: "아빠가 빛이 나면?"

답: "광부"

질문: "아빠가 학습을 하면?"

답: "공부"

질문: "너, 일어나를 세 글자로 하면?"

답: "유인나"

아프리카TV BJ '임다'의 방송에 나온 아재개그입니다. 사전을 찾아보면 아재개그는 "아저씨를 의미하는 '아재'와 '개그'가 합쳐진 말로, 썰렁하고 재미없는 말장난, 유행에 뒤처진 개그를 의미하는 데에서 생겨난 말"이라고 합니다.

그렇지만 '재미없는'이라고 하기엔, 아재개그는 최근 몇 년간 엄청난 인기를 누리고 있습니다. 왜 갑자기 아재개그가 번성할까. 그런데 생각해 보면 아재개그는 딱히 새롭게 부상하는 유머도 아닙니다. 인기 코미디언들을 떠올려보면 아재개그를 사용하지 않는 이들은 없습니다. 아재개그는 아주 오래전부터 유행이었고, 변한 것은 방송 환경입니다. 오늘날 아프리카TV나 유튜브 등 플랫폼의 발달로 개인이 채널을 만들기 쉬워지면서 아재개그 역시 번성하는 것일 뿐이지요.

아재개그는 줄곧 남에게 재미를 주려는 이들의 효과적인 도구였습니다. 아재개그에는 뜻밖의 의미 변화를 만들어 시청자를 당혹하고 집중하게 하는 전의(轉意: 생각이 바뀜, 의미가 바뀜)의 원리가 담겨있기 때문입니다.

위의 아재개그 예시에서 질문을 먼저 보는 대신 답을 먼저 보면 그 원리를 깨달을 수 있습니다. 일단, 맨 마지막 아재개그에서 '유인나'라는 답을 먼저 보면 연예인 유인나의 모습이 떠오르기 마련입니다. 이제 질문을 봅시다 "'너, 일어나'를 세 글자로 하면?" 이 질문은 유인나라는 단어의 의미 변화를 만들어냅니다. 즉, 연예인 유인나가 '유(You, 너) 인나(일어나)'로 변하는 거죠.

'전의가 있다'고 표현하는 대신 '전의의 원리가 담겨 있다'고 표현한 이유는 아재개그는 우리가 어릴 때부터 줄곧 해온 말장난이기 때문입니다. 어떤 단어의 의미가 어떤 식으로 변할지 대부분 잘 알고 있기에 웬만한 아재개그로는 큰 당혹과 집중을 일으키지 못합니다. 한때 당혹과 집중을 일으켰던 플롯이 비슷비슷한 플롯의 콘텐츠들을 많이 보게 되면 클리셰라고 여겨지는 것과 맥락이 같습니다. 어쨌든 아재개그는 그 효과는 그다지 크지 않지만, 전의의 원리가 담겨있기에 어느 정도

청중을 당황하게 하고, 집중하게 합니다. 아재개그를 잘 사용하는 사람들이 인기 있는 것까진 아니더라도 주변인을 당황하게 하고 집중하게 하는 이유입니다.

한편, 힙합 래퍼들의 '펀치라인'의 원리도 아재개그와 비슷합니다. 펀치라인의 의미를 사전에서 찾아보면 "힙합에서 동음이의어를 통한 중의적 표현을 목적으로 사용하는 가사"이며 그 효과는 "펀치를 맞은 듯한 느낌"입니다. 그 원리는 전의이며, 그 효과는 정신이 번쩍 드는 느낌 즉, 당혹과 집중이지요. 예를 들어 위의 아재개그 중 하나를 이용해서 썰렁한 펀치라인을 작성해본다면 "우리 아빠는 광부, 내 앞에선 늘 빛이나" 정도가 되겠지요. '광부'는 광산에서 광물을 채굴하는 사람을 의미하지만, 光(빛날 광)에 夫(지아비 부)를 의미하기도 하니까요. '썰렁'도 당혹감의 일종입니다.

아재개그와 펀치라인. 무언가가 유행이라면, 그 유행은 분명 대중을 당혹하고 집중하게 했을 겁니다. 무언가가 당신을 당혹하고 집중하게 한다면, 그곳에는 필시 특·전·격 원리가 담겨 있습니다.

# 시는 전의(轉意)다

누구나 시(詩)가 무엇인지는 압니다. 근데 진짜 시를 알고 있나요?

"님은 갔습니다. 아아, 사랑하는 나의 님은 갔습니다.// 푸른 산빛을 깨치고 단풍나무 숲을 향하여 난 작은 길을 걸어서 차마 떨치고 갔습니다." 한용운의 시 「님의 침묵」부터 "제1의 아해가 무섭다고 그리오/제2의 아해도 무섭다고 그리오/제3의 아해도 무섭다고 그리오…" 이상의 시 「오감도」까지.

우린 학교에서 시에 대해 배웠지만, 시가 명확히 무엇인지 알지 못합니다. 시란 도대체 뭘까요? 결론부터 말하면 시는 전의(轉意 생각이 바뀜, 의미가 바뀜)를 통해서만 정의될 수 있습니다.

교과서의 정의들을 보면 보통 이런 식으로 돼 있습니다. "시란 자기 생각과 감정을 운율을 빌려 함축적인 언어로 표현한 글." 그리고 부차적인 설명이 많지요. 예를 들어 "운율에는 내재율과 외형률이 있는데, 글을 읽을 때 마치 노래하듯 읽히면 운율이다." "함축적인 언어에는 비유와 상징 등이 있다. 심상은 어떤 대상을 생각했을 때 떠오르는 느낌이다." 등이 있습니다.

그러나 교과서의 이러한 정의는 몇몇 시들의 몇 가지 특징을 나열한 것일 뿐입니다. 어떤 시는 이러한 정의에 부합하는 반면 어떤 시는 일부만 부합할 수도, 이상의 시처럼 어느 하나에도 부합하지 않을 수도 있습니다. 예를 들어 <조선중앙일보>에 연재됐던 연작시 「오감도」중 네 번째 시 「오감도 제4호」는 "환자의 용태에 관한 문제", "진단", "이상 책임의사 이상"이라는 글을 제외하고 전부 숫자로만 돼 있습니다.

시가 이렇게 모호하니, 급기야 어느 시인은 "시는 모든 것이자 모든 것이 아니다"라는 정의를 내리기에 이릅니다. 모든 것이자 모든 것이 아니라니…. 조금 무책임한 정의라고 생각할 수 있지만, 저는 이 정의가 꽤 마음에 듭니다. 바로 '시 = 전의'라는 사실을 표현하는 말이기 때문입니다. 어떤 것이 '모든 것인 동시에 모든 것이 아니게' 하려면 그 어떤 것의 의미 변화를 일으켜야 합니다.

예컨대 지금 여러분 주변에 있는 사물 중 하나를 집어 들어 봅시다. 예를 들어 책이라면, 책이 책이면서 동시에 더 이상 책이 아니게 된다고 생각해 봅시다. 일반적인 것이 더 이상 일반적이지 않은 의미로 다가온다면 사람은 당황하고 집중하게 됩니다.

"유리에 차고 슬픈 것이 어른거린다/(중략) 지우고 보고 지우고 보아도/새까만 밤이 밀려 나가고 밀려와 부딪히고/물 먹은 별이, 반짝, 보석처럼 박힌다" (정지용 「유리창」)

이 시는 '세상을 떠난 이가 보고 싶어 슬퍼요'라는 의미이지만, 시에 쓰인 단어와 문장들은 그 의미와 상당히 거리가 멀어 보입니다. '차고 슬픈 것'은 폐결핵으로 세상을 떠난 시인의 아들입니다. 새까만 밤과 물먹은 별은 단어 그대로 밤이나 별을 의미하지 않습니다. 시인이 말하고자 하는 바와 전혀 관련 없는 단어가 상징, 비유, 심상, 공감각 등을 통해 뜻밖의 의미를 갖고, 그 전의로 인해 독자는 당혹하고 집중하며, 비로소 시인이 진짜 말하고자 하는 바가 드러나는 것입니다.

이제 저는 시를 정의합니다. "시는 전의"입니다. 혹은 "의미 변화를 만들겠다는 선언"입니다. 어쩌고저쩌고하는 다양한 정의들은 시를 더욱 난해하게 만들 뿐입니다. 전의를 만들기에 독자는 시에 당혹하고 집중합니다. 그리고 독자가 시에 당혹하고 집중함에 따라 시인의 진의(眞意)는 더욱 인상 깊게 전달됩니다.

볼 것이 단어와 문장밖에 없던 시절, 시인은 인기 크리에이터였습니다. 과거에는 모두가 시인의 펜을 주목했습니다. 김수영 같은 참여 시인의 시는 정치인의 연설보다 영향력이 있었습니다. 독자는 시가 담고 있는 슬픔이나 외로움에, 또는 무거운 정치적 주장에 당황하고 집중했습니다. 시가 곧 당혹과 집중을 일으키는 '전의'이기 때문입니다.

한편, 오늘날 시는 영상과 융합해 격차 큰 전의를 만들어내고 있습니다. 드라마 <도깨비>에 등장한 김인욱 시인의 시가 대표적인 예입니다.

"질량의 크기는 부피와 비례하지 않는다//제비꽃같이 조그마한 계집애가/꽃잎같이 하늘거리는 그 계집애가/지구보다 더 큰 질량으로 나를 끌어당긴다//순간, 나는/뉴턴의 사과처럼/사정없이 그녀에게로 굴러떨어졌다//첫사랑이었다." (김인욱 「사랑의 물리학」)

주인공 공유가 이 시를 읊으며 사랑하는 김고은을 바라보자 시가 만드는 전의(의미 변화)가 영상화됐습니다. 문자를 넘어 시각화된 시의 전의는 시청자에게 더욱 큰 당혹감과 집중을 일으켰습니다. 그리고 이 시를 읊는 장면은 공유가 첫사랑에 빠지는, 즉 주인공에게 격변이 일어나는 장면이기도 했습니다. 이 장면이 <도깨비>의 수많은 장면 중에서도 손에 꼽히는 명장면이 된 이유입니다. 영상의 시대에 걸맞은 시의 진화라고 할 수 있습니다.

# 심사위원들을 깔깔 웃게 한 패러디
## (feat. 카피추)

'콘텐츠 재밌게 만드는 법 알려준다면서, 국어 수업 시간도 아닌데….'

조금 지루해진 감이 있어서, 제가 한 백일장에 나가 쓴 패러디 시를 적어봅니다. 오은 시인과 은희경 소설가가 심사위원으로 참여한 이 백일장에서 당시 제가 패러디한 작품은 시인 백석의 「나와 나타샤와 흰 당나귀」였습니다. 부디 이 시를 찾아서 반드시 읽고 오길 바랍니다. 하나의 시가 다른 시가 되는 의미 변화(전의)를 즐기기 위해서입니다.

자… 다 읽었나요? 그럼 시작합니다.
「나와 곱창과 흰 쌈무」

살찐 내가

맛있는 곱창을 사랑해서

오늘 밤은 촉촉 침이 고인다

곱창을 사랑은 하고

침은 촉촉 고이고

나는 혼자 쓸쓸히 앉아 소주를 마신다

소주를 마시며 나는 생각한다

곱창과 나는

침이 촉촉 고이는 이 밤 흰 쌈무를 타고

뱃속으로 가자 출출이 우는 뱃속으로 가 위장에 살자

침은 촉촉 고이고

나는 곱창을 생각하고

곱창을 아니 먹을 수 없다

언제 벌써 내 입속에 고조곤히 와 사르르 녹는다

뱃속으로 가는 것은 다이어트 따위에 지는 것이 아니다

다이어트 따위 더러워서 버리는 것이다

침은 촉촉 고이고

맛있는 곱창은 나를 사랑하고

어데서 흰 쌈무도 오늘 밤이 좋아서 아삭아삭 울 것이다

부디 피식했길 바랍니다. 그러지 않아도 무방합니다. 모든 이에게
재미를 주는 콘텐츠는 없습니다. 1,600만 관객이 본 코미디 영화 <극한
직업> 역시 좋아하지 않는 사람도 많았으니까요. 우리 모두는 각자 살
아온 역사가 달라서 어떤 특·전·격이 끼치는 영향 역시 사람마다 갈립
니다. 대다수에게 당혹과 집중을 일으키는 특·전·격도 누군가에게는
별 감흥이 없을 수 있습니다. 재미는 가치관과 밀접한 연관이 있습니다.
어떤 사람에게 재미있는 것이 다른 사람에겐 비난의 대상일 수 있습
니다. 또한, 어떤 사람에게 어떤 특·전·격이 어떻게 다가오느냐는 그 사
람의 기분 상태에도 영향을 받습니다. 예를 들어 <극한직업>을 보고
도 웃지 않는 사람 중에는 그날 누군가와 싸웠거나, 기분이 좋지 않은
이도 있을 테지요.

다시 백일장으로 돌아와서, 시 전체에 의미 변화를 만드는 동시에,
그 변화가 독자를 웃게 할 소재가 무엇인가 생각하니, 그건 바로 곱창
이었습니다. 코미디언 김준현이 곱창 앞에서 침 흘리는 모습을 상상했
습니다. 어떤 대상을 갈구하는 것은 사랑이나 식욕이나 크게 다르지
않아 보였습니다.

의미 변화의 중심축을 '나타샤 -> 곱창'으로 정하니 다음은 술술

풀렸습니다. 김준현이 앉아 있는 곱창집 풍경을 상상하기만 하면 됐으니까요. 패러디는 이렇게 어떤 것에서 격차 큰 의미 변화를 만들어 시청자를 당혹하고 집중하게 하는 것입니다.

이러한 전의가 꽤나 효과적이었는지 저는 이 쉽게 쓰인 작품으로 운문 부문 차상을 받았습니다. 심사위원 은희경 작가는 저에게 "어찌나 웃기던지 심사위원들이 다 깔깔 웃느라 정신없었다"라고 말해줬습니다.

한편, 2019년 큰 화제를 모았던 코미디언 추대엽, 일명 '카피추'의 인기 역시 패러디의 전의(轉意)를 효과적으로 활용한 데 기인합니다. 그는 원곡의 멜로디를 다른 멜로디와 이어붙이고 코믹스럽게 개사해 노래를 부릅니다.

'보고 싶다고 다 볼 수 있다면 이별 없는 세상이겠죠' _ 카피추

아무리 기다려 봐라 오나
아무리 통곡해봐야 갠 안 와
보고 싶다는 말은 하지 마

울고 싶을 땐 그냥 울자

미칠 듯 사랑했던 기억 너머 저편으로

우리 함께 떠나자

죽을 만큼이라곤 볼 순 없지만

"아무리 기다려 봐라 오나"까지 청자는 노래의 멜로디가 가수 김
범수의 '보고싶다'일 거라 생각하지만 그러한 생각은 멜로디가 더 전개
되며 바뀝니다. 원곡이 담았던 의미 역시 원곡과 아주 다른 의미를 갖
게 됩니다. 이 두 번의 전의에 시청자는 당혹하며 집중하고, 깔깔 웃었
습니다.

# 은유, 그 뜻밖의 재미

지금이야 예술을 고리타분하고 지루한 학습의 대상이나 교양 정
도로 치부하지만 TV나 인터넷, 스마트폰이 존재하지 않던 과거에는
예술을 감상하는 것이야말로 요즘 유튜브를 보는 것과 같은 재미 추
구 행위였습니다.

예술은 늘 특·전·격을 지향해야 합니다. 특·전·격의 효과인 집중의
다른 말은 곧 감상이고, 예술은 감상의 대상이기 때문입니다. 특히 현
대예술은 어떤 것이 감상을 유발한다면 곧 그것이 예술이라고, 과거
보다 적극적으로 예술을 정의합니다. 예컨대 마르셀 뒤샹이 한 상점에
서 구매해 예술 작품으로 발표한 소변기(마르셀 뒤샹의 '샘')는 감상을 이끌
어냈기 때문에 예술이라고 불릴 수 있었습니다. 화장실에 있어야 할 소

변기를 예술작품으로 규정한 것 자체가 '보통'에서 멀리 벗어난 것이었고, 대중의 고정관념을 깨는 일이었습니다. 화장실에 있는 소변기가 배설을 이끌어내는 것과 달리 '샘'은 특이와 전의였기에 당혹과 집중을 이끌어냈습니다.

인류가 문자를 사용할 수 있게 된 후 생겨난 예술은 시와 소설이었습니다. 그리고 시인이나 소설가들의 영업비밀 역시 줄곧 특·전·격였습니다. 이들 역시 대중이 그들의 예술을 감상하게 해야 했기 때문입니다. 특히 이들이 사용하는 은유에는 아재개그나 힙합의 펀치라인과 마찬가지로 전의(轉意)의 원리가 담겨 있습니다. 즉, 은유는 무언가에 대한 생각의 변화, 의미 변화를 이끌어내 독자를 당혹하고 집중하게 합니다.

은유에 대해 가르치는 국어 선생님들은 대부분 은유의 앞 글자 '은'을 따서 "은유란 ~은 ~다"라고 가르치고 있습니다. 예를 들어 "인생은 여행이다"가 바로 은유라고 가르치는 식입니다. 직관적이기도 하고, 어떤 설명보다 쉬운 설명입니다.

지금 앞에 있는 사물을 은유법으로 표현해봅시다. 제 경우에는 노트북 화면에 떠 있는 이 책의 원고와 라테 한 잔이 있습니다.

**"글은 라테다."**

어떤 생각이 드셨나요? 아마 "왜 글이 라테지?"라며 미약하지만 당황했고, 또 집중했을 겁니다. 글에서 라테로 의미 변화가 일어났기 때문입니다.

우리가 학창 시절 배웠던 시에는 "인생은 나그네길" "내 마음은 호수" "오월은 계절의 여왕" "침묵은 금" 등의 은유가 있지요. 인생이 나그넷길로 변하고, 마음은 호수로 변하고, 오월은 계절의 여왕이 되며, 침묵은 금이 됩니다.

이러한 은유에 그다지 당황하거나 집중하지 못했다면 그 이유는 아재개그가 그리 당황스럽지 않은 이유와 마찬가지입니다. 그러한 의미 변화를 살아오면서 너무나 많이 접해왔기에 더 이상 큰 폭의 전의로 느껴지지 않는 것입니다.

# 자연=인간,
# 녹색동물의 은유

　식물들의 미세한 움직임을 담은 다큐멘터리를 언젠가 한 번쯤은 본 적 있을 것입니다. 움직이지 않는다고 생각되는 식물들이 마치 동물처럼 움직이는 모습을요. 자연이 움직이는 것을 보는 게 뭐가 재미있겠느냐고 생각할지도 모르겠습니다. 그러나 자연다큐멘터리는 의외로 시청률도 높고, 세계적으로 방송사들 사이에서 거래가 잘 이뤄집니다.

　사람들이 자연다큐멘터리에 끌리는 이유는 바로 자연다큐멘터리가 인간세계에 대한 은유이기 때문입니다. 자연다큐멘터리는 시청자들로 하여금 '자연=인간세계'라고 생각하게 하기 때문에, 즉 시청자의 마음속에서 생각의 변화를 이끌어내기 때문에 시청률이 높은 것입니다.

자연다큐멘터리 하나를 떠올려봅시다. 자연다큐멘터리는 초고속
카메라를 이용해 식물의 미세한 동작을 아주 정밀하게 포착해냅니다.
그리고 그러한 포착의 결과, 놀랍게도 식물은 굉장히 빠른 속도로, 마
치 동물처럼 움직입니다. 자연다큐멘터리에서 식물은 말 그대로 '녹색
의 동물'이 됩니다.

여기서 끝이 아닙니다. 고요하고 평화롭게만 보였던 자연은 묘하
게 인간 세상과 닮아갑니다. 식물들은 살기 위해 치열하게 경쟁합니
다. 광합성을 위해 다른 식물보다 더 높이 올라가려고 용을 씁니다. 어
떤 식물은 햇빛을 찾아 높이 올라가기보다는 다른 식물에 기생해 살
아갑니다. 어떤 식물은 살기 위해 다른 식물을 말려 죽이고, 어떤 식물
은 곤충을 속여서 함정에 빠뜨리고 잡아먹습니다.

땅 위에서만 인간 세상과 비슷한 것이 아닙니다. 땅속에서도 식물
들은 더 많은 영양분을 차지하기 위해 치열하게 경쟁합니다. 식물의 뿌
리는 식물이 땅 위에서 확보한 영역보다 몇 배는 더 큰 영역을 땅속에
서 확보하고 있으며, 서로 얽히고설키며 더 많은 영역을 확보하기 위한
전쟁을 벌입니다.

119

식물을 찍었을 뿐인데 묘하게 인간 세상이 보이기 시작합니다. 인간이 살기 위해 경쟁하고, 더 갖기 위해 남의 것을 빼앗고, 생존을 위해 기생하고, 사기를 치는 등 범법을 저지르면서까지 살아가는 장면들이 떠오릅니다. 스크린에는 온통 녹색과 흙색밖에 없는데 말이지요. 이는 받아들이는 사람에 따라 곰이 웅녀가 된 것만큼 당혹스러운 사건일 수 있습니다. 인간 세계에 대한 강력한 메타포, 강렬한 전의(轉意)가 빛을 발해 당혹과 집중을 일으키는 것입니다.

# 캐릭터와 세상을 뒤집어라…
# 부캐와 메타버스

집 문을 열고 들어갔는데, 어머니가 천연덕스럽게 아버지의 말투로 이야기하고 아버지가 하는 행동을 하고 있다면, 반대로 아버지가 어머니가 돼 있다면 어떨까요?

요즘 TV를 켜면 우리는 이와 비슷한 당혹감을 느끼게 됩니다. 정말 많은 연예인들이 새로운 캐릭터로, 일명 '부캐'로 다시 태어나고 있습니다.

비-> 비룡

엄정화-> 만옥

이효리-> 린다G, 천옥

이상순-> 조지리

제시-> 은비

화사-> 마리아, 실비

황광희-> 수발놈

정재형-> 정봉원

김신영-> 김다비

박나래-> 조지나

한혜진-> 사만다

화사-> 마리아

매드 클라운-> 마미손

송해-> 아리송해

신봉선-> 캡사이신

...

그중 유재석은 근 몇 년간 가장 다양한 정체성을 얻은 인물입니다. 그는 '닭터유'였다가, '유DJ뽕디스파뤼'였다가, '유귀농'이었다가, '유고스타'가 됐다가, '유두래곤', '유라섹', '유르페우스', '유산슬', '유샘', '지미유'로 변했습니다. 그럴 때마다 유재석은 배우가 연기를 하듯, 천연덕스럽게 색다른 개성을 지닌 인물이 됐습니다.

부캐 열풍의 포문을 열고, 주도하고 있는 김태호 PD는 '부캐, 또 하나의 예능 트렌드가 되다'라는 제목의 강연에서 이렇게 말했습니다. "우리가 몰랐던, 어쩌면 본인도 몰랐던 유재석을 찾아라." 그러니까 '부캐'는 시청자가 어떤 인물에 가진 생각을 바꾸는 전의(轉意)를 통해 시청자의 당혹과 집중을 일으킵니다.

그런데 캐릭터만 바뀌는 것은 아닙니다. 이제는 세상이 통째로 뒤집히고 있습니다. '메타버스'(Metaverse 초월을 뜻하는 그리스어 Meta와 세상을 뜻하는 Universe의 합성어로, 아직 그 개념이 완전히 정립되진 않았지만 쉽게 말해 '가상현실 세상')입니다. 메타버스는 영화 <매트릭스>의 가상현실 세상이나 스티븐 스필버그 감독의 영화 <레디 플레이어 원>의 가상공간 '오아시스'를 떠올리면 쉽습니다. 메타버스에 접속한 사람들은 현실 세상에서 할 수 있는 거의 모든 것을 똑같이 할 수 있습니다.

곳곳에서 현실 세계를 대체하는 가상현실 세상이 만들어지고 있습니다. 전 세계에서 2,000만 개 이상 팔린 인기 게임 '모여봐요, 동물의 숲'이 대표적인 메타버스라고 할 수 있습니다. 이 게임에서 플레이어는 자신만의 섬을 꾸미고, 타인의 섬을 방문하며, 그 섬들에서 돈을 벌고 취미생활을 즐깁니다. 생일파티를 하거나 가상결혼식을 올리기도 합니다. 미국 대선 때 조 바이든의 선거캠프는 이 게임에서 선거 운동을 벌이기도 했습니다. 게임의 뚜렷한 목적은 없습니다. 그저 현실을 대체할 뿐.

가장 인기 있는 메타버스가 있는 게임으로는 '포트나이트'가 꼽힙니다. 전 세계 3억5,000만 명이 이용하는 이 게임은 본래는 3인칭 슈팅 게임이지만, 메타버스로서의 기능도 합니다. 가령 그룹 방탄소년단이 이 게임에서 노래 '다이너마이트'의 안무 버전 뮤직비디오를 공개해 화제가 됐습니다. 뮤직비디오가 시작한다는 공지가 뜨자 플레이어들은 게임의 지정된 공간으로 가서 뮤직비디오를 시청했습니다. 특정 아이템을 사면 캐릭터가 방탄소년단의 춤을 추게 만들 수도 있었습니다. 미국 유명 래퍼 트래비스 스콧은 자신의 새 싱글앨범 'THE SCOTT'의 발매 기념 콘서트를 포트나이트 안에서 열었습니다. 스콧의 아바타가 총 여섯 곡을 부르는 동안 캐릭터들은 점프를 하고 춤도 추며 공연을 즐겼습니다. 이 공연을 감상하기 위해 모인 접속자 수는 무려 1,230만 명이었습니다.

토종 메타버스도 있습니다. 네이버의 손자회사 '네이버제트'가 운영하는 증강현실 아바타 앱 '제페토'입니다. 이 앱은 출시한 지 2년 만

에 글로벌 가입자 수가 1억8,000만 명을 돌파했습니다. 그룹 '블랙핑크'
가 제페토에서 사인회를 열었는데 4,600만 명이 넘는 이용자가 여기
참여했습니다.

재미의 관점에서 볼 때 메타버스는 전의를 만드는 장치입니다. 유
재석이 유산슬로 변했듯, 가상현실 세상에 들어서면 현실의 모든 것
이 가상현실의 것으로 바뀝니다. 그 전의로 인해 메타버스에 들어간
사람은 계속해서 당혹하고 집중하게 됩니다.

"The Metaverse is coming."('메타버스'가 오고 있다.) '엔비디아'의 CEO
젠슨 황은 미래가 메타버스의 시대가 될 것이라고 말했습니다. 혹자는
메타버스가 가까운 미래에 SNS를 대체할 것이고, 나아가 현실 세상을
대체할 것이라고 말합니다. 가상현실 세상에서 밥도 먹고 영화도 보
고, 차도 마시고, 공부도 하고, 잠도 자고, 노래도 부르고… 현실 세상에
서 가능한 모든 것을 할 수 있지만, 가상현실 세상에서 그 모든 것은 조
금씩 달라집니다. 그 전의가 당혹과 집중을 만들어 재미를 일으킬 것
입니다. 바야흐로 전의의 시대가 도래한 것입니다.

# 불이 나기만을 기다리는 식물이 있다

126

고정관념을 깨는 무언가는 곧 생각을 바꾸는 무언가(전의)입니다.
그리고 전의의 효과는 당혹과 집중입니다.

## "불이 나기만을 기다리는 식물이 있다"

자연다큐 <녹색동물>(EBS 다큐프라임) 1부 '번식'편은 불타는 숲을 보
여줍니다. 불이 나면 거의 모든 식물이 타죽지만 이 세상 어딘가에는
불이 나야만 번식할 수 있는 나무가 존재합니다. 바로 쉬오크와 뱅크
스소나무, 자이언트 세쿼이아입니다. 이 나무들은 200도 이상의 고온
에서만 솔방울을 열어 씨앗을 퍼뜨립니다. 씨앗에는 날개가 있어서 불
이 만들어낸 상승기류를 타고 멀리 날아오릅니다. 소방관들은 이 나무

의 번식을 위해 일부러 산불을 내기도 합니다.

나무들은 걱정하지 않아도 됩니다. 껍질이 수분을 머금고 있어서 불을 견딜 수 있습니다. 그동안 산불은 나무의 경쟁자들을 모조리 태워서 거름으로 만들어버립니다. 다른 식물들에게 산불은 어찌할 수 없는 재난이지만 이 나무들에게는 그렇지 않습니다. 이 나무들에게 위기는 곧 기회입니다.

"불이 나기만을 기다리는 식물이 있다" 다큐멘터리<녹색동물>은 이런 전의(轉意)의 주제문으로 시작해 일반적인 생각을 변화하는 정보를 계속해서 쏟아냅니다. 고정관념을 깨는 장면들에 시청자는 당혹하고 집중합니다. 지루할 줄만 알았던 자연다큐에 시선을 빼앗깁니다.

한편, 성공적이었던 광고 카피들 역시 전의(轉意)를 이용해 소비자의 당혹과 집중을 만들었습니다. "바나나는 원래 하얗다"라는 매일유업의 카피는 오랫동안 시장을 주도해온 빙그레 '바나나 맛 우유'가 형성한 '바나나=노란색'이라는 관념을 바나나껍질 벗기듯 뒤집었습니다. 삼성화재의 "有병장수시대" 역시 '무병장수'라는 과거 일반적이었던 생각을 바꿨습니다. "감옥에서 세상을 굴리는 놈들"이라는 영화<

프리즌>의 카피도 마찬가지였습니다.

# 코미디 대부의 영업비밀

2018년 심형래 감독을 인터뷰했습니다. 뜻밖에 만난 거물에 저는 당황하며 질문을 쏟아냈습니다. 그리고 한 시간이 넘는 인터뷰에서 마지막으로 "사람들을 웃기는 비결, 재미를 만드는 비결이 있다면 뭡니까?"라고 물었습니다.

심 감독은 망설이다가 영업비밀이라도 되는 듯 희미하게 웃으며 한 단어를 내뱉었습니다. 그것은 "기대 외 웃음"이었습니다. 그는 "일상적으로 기대되는 것들, 그 예상을 뒤엎는 행동을 함으로써 웃기는 거죠. 예를 들어서 길을 가다가 갑자기 벽에 손을 짚으면, 다른 사람들이 '왜 벽에 손을 짚냐'고 물어보겠지요. 그때 벽을 짚은 사람은 '벽이 무너질까 봐'라고 예상치 못한 발언을 하는 거예요. 여기서 끝이 아닙니다.

'야, 그냥 가 인마!'하고 그 사람을 끌고 갈 때 정말 벽이 무너진다면, 그 때 더 큰 웃음이 터집니다"라고 말했습니다.

순간, 어린 시절 가족들과 TV 앞에 앉아서 보던 영구의 모습이 떠올랐습니다. 선생님이 "송영구"라며 출석을 부르자 "영구 없다~!"라며 얼굴을 내미는, 잘 걸어가다가 갑자기 벽에 부딪히거나 앞 사람을 때리려다가 뒷사람을 후려치는. 그런 일반적으로 기대되는 행위에서 벗어난 행위들. 기대 역시 생각의 일종이라면, '기대 외 웃음'은 곧 그 생각을 바꾸는 전의(轉意)이기에 당혹과 집중을 일으킵니다.

한편, 심 감독은 슬랩스틱의 대가라고도 불립니다. 이는 '말이 아닌 몸으로 웃음을 끌어내는 코미디'를 뜻하는데요. 슬랩스틱을 구사하는 인물은 일반적인 사람들보다 큰 폭으로 다르게 행동합니다. 예를 들어 인사를 할 때 다른 사람들은 고개를 45도 정도 숙인다면 슬랩스틱을 하는 사람은 120도를 숙이다가 넘어지는 거죠. 역시 '기대 외 웃음'입니다.

슬랩스틱을 가장 적극적으로 사용한 코미디언 중에는 <무한도전> 멤버들이 있습니다. 그들은 끊임없이 기대에서 벗어난 행동을 연출하며 '몸개그'라는 단어를 유행시켰습니다. 의자에 잘 앉아 있다가도 넘어지거나 날아오는 셔틀콕을 맨손으로 잡는 등 하늘이 도운 슬랩스틱도 보여줬습니다.

규제에서 비교적 자유로운 인터넷 방송에서는 슬랩스틱이 일반적인 기대에서 벗어나는 정도가 점점 더 커지고 있습니다. 가령 아프리카 TV BJ 철구는 먹방을 하며 '토컨'이라는 슬랩스틱을 만들었습니다. 토컨은 구토를 컨트롤(조절)한다는 뜻인데요. 그가 토컨을 하기 전까지는 그 누구도 음식을 먹고 게워내고 다시 먹는 모습을 상상하지 못했습니다. 기대에서 크게 벗어나는 과장된 행동이었지요. 철구가 아프리카 대통령이라고 불릴 정도로 인기를 누리는 이유는 수년간 계속해서 '토컨'급의 '기대 외 웃음'을 만들어냈기 때문입니다.

이제는 많은 인터넷 방송인들이 철구와 마찬가지로 '토컨'을 할 뿐 아니라 점점 더 자극적인 슬랩스틱을 하려 합니다. 그러나 결코 선을 넘지는 말아야 할 것입니다. 재미를 주고자 한 어떤 행위가 단 한 사람에게라도 고통을 준다면 윤리적으로 옳지 않습니다. 앞서 말했듯 특·전·격이 있더라도 그것이 불쾌한 감정을 유발한다면 재미있는 콘텐츠라고 할 수 없습니다.

# "끊임없이 의심하라"
# 미스터리 스릴러의 '전의'

132

미스터리 스릴러를 좋아하나요? 어두침침한 배경에서 범죄가 일어나고, 범인이 누군지, 그리고 어째서 범죄를 저지르는지를 계속 쫓아다니는.

미스터리 스릴러라고 불리는 콘텐츠들이 워낙 각양각색이기에 무엇이 미스터리 스릴러라고 단정하기는 어렵지만, 미스터리 스릴러 장르는 한 가지 큰 공통점이 있습니다. 미스터리 스릴러는 범인이 누군지, 그리고 도대체 왜 범죄를 저지르는지를 찾는 장르이며, 이 두 가지를 알아야만 끝나는 장르라는 것입니다.

혹자는 그래서 미스터리 스릴러를 하나의 서사 방법(이야기를 특정 방식 혹은 순서로 구성하는 방법)으로 보기도 합니다. 그리고 미스터리 스릴러를 서사 방법의 관점에서 볼 때 자주 쓰이는 표현이 '후더닛'(영어로 Who has done it? 즉, 누가 저질렀느냐?)입니다.

마피아 게임을 생각하면 쉽습니다. 후더닛은 '범인 찾기'라는 큰 줄기에서 비롯한 연속적인 의심과 그러한 의심의 해소를 만드는 장르입니다. 즉, 시청자의 끊임없는 생각의 변화(전의)를 이끌어내는 장르입니다. 후더닛 콘텐츠는 계속해서 범인으로 의심되는 인물을 바꿔가며 시청자를 당혹과 집중 상태로 몰아갑니다.

좋은 미스터리 스릴러는 극이 끝날 때까지 시청자가 의심을 놓지 못하게 합니다. 최근에 재밌게 봤던 미스터리 스릴러 드라마나 영화를 떠올려보길 권합니다. 극 초반에 '범인일 것이다'라고 생각했던 배우가 후반부까지 범인일 것이라고 느껴졌는지를 생각해보면, 아마 아닐 것입니다. 만약 그랬다면 그 콘텐츠는 재미없었을 것입니다. 좋은 미스터리 스릴러에서 범인이라고 의심되는 인물은 끊임없이 바뀝니다. 그리고 이러한 생각의 변화가 일어날 때마다 시청자에게는 당혹과 집중이 일어납니다.

처음에 살인범으로 보였던 A가 이제는 살인범이 아닌 것처럼 보이고, 평범해 보였던 B가 새롭게 의심을 사기 시작합니다. 예를 들어 조승우가 감정을 느끼지 못하는 검사로, 배두나가 열혈 형사로 나오는 드라마 <비밀의 숲>의 초반부에서 시청자는 범인을 조승우라고 의심합니다. 조승우가 감정이 없으니, 검사인 동시에 살인마일 가능성도 있다고 의심하는 겁니다. 무엇보다 감독이 초반에 조승우를 '범인스럽게' 연출했기 때문입니다.

그러나 드라마가 전개될수록 시청자는 조승우에 대한 의심이 풀리고, 이제 비열한 검사 역을 맡은 이준혁으로 의심의 표적을 옮겨갑니다. 감독이 이준혁이 권력에 집착하는 모습을 보여주며, 그의 야비함을 부각하는 연출로 시청자의 의심을 사기 때문입니다. 이준혁이 범인이라는 시청자의 예상이 굳어져 갈 때쯤 다음으로 의심을 사는 이는 신혜선입니다. 신혜선이 의심을 살만한 행동을 하는 장면 위로 의심스러운 마음을 불러일으키는 음악이 깔립니다. 여기서 그치지 않습니다. 다음은 유재명, 그다음은 이규형, 다시 유재명으로… 의심의 표적이 수시로 바뀝니다. 극 중 거의 모든 등장인물이 돌아가며 시청자의 의심을 삽니다. 상대적으로 비중이 적은 등장인물들조차 말이지요. 이러한 전의의 연속에 시청자는 계속 당혹하고 집중하며 채널을 돌리지 못합니다.

코로나19로 인해 영화계가 암흑기를 맞은 2020년을 제외하고 2018, 2019년을 돌아보면, 추천할만한 미스터리 스릴러는 이창동 감독의 <버닝>과 폴 페이그 감독의 <부탁 하나만 들어줘>가 있습니다. <버닝>은 그저 미스터리 스릴러라고 규정해버리기에는 아까운 예술적인 영화이기에 제외하면, 개인적으로 <부탁 하나만 들어줘>를 2018, 2019년 최고의 미스터리 스릴러로 꼽겠습니다.

135

이 영화는 계속해서 관객을 속입니다. 등장인물 세 명이 폭탄을 돌리듯 번갈아 가며 완벽하게 범인일 것이라 의심받습니다. 그런데 이 영화는 의심과 의심 해소의 반복이 전부가 아닙니다. 영화는 마치 세련된 현대미술관을 거니는 듯한 감각의 미장센을 쉬지 않고 펼쳐놓습니다. '스릴러도 밝고 산뜻하고 세련되게 아름다울 수 있구나'라는 것을 알려준 '특이'한 작품입니다. 관객은 완벽한 후더닛에 당혹하고 집중했으며 세련된 미장센에 감탄했습니다.

한편, 관객에게 스릴을 일으키는 것이 목적인 스릴러는 크게 미스터리 스릴러와 서스펜스 스릴러로 구분됩니다. 후더닛 구조를 갖춘 미스터리 스릴러와 달리, 서스펜스 스릴러는 범인이 누구인지 관객에게 미리 보여줍니다. 가령 영화 <추격자>의 하정우가 범인이라는 사실은 영화 초반부에 관객에게 공개됩니다. 이렇게 범인이 누구인지 보여주는 것의 효과는 '불안정성'을 일으키기 위해서입니다. 이는 추후 설명할 특·전·격의 효과를 증폭하는 요소입니다.

# 그런데 말입니다

**"그런데 말입니다."**

SBS <그것이 알고 싶다> 역시 장르를 따진다면 미스터리 스릴러입니다. 다른 미스터리 스릴러 콘텐츠처럼 사람이 죽어 나가야, 혹은 누군가 막대한 피해를 당해야 시작됩니다. 그 뒤로 서사는 후더닛입니다. 범인이 누구인지, 왜 범죄를 저질렀는지를 찾아 나갑니다. 프로그램의 시작부터 끝까지 누군가 의심을 샀다가 해소되는 과정이 반복됩니다.

여타 미스터리 스릴러 콘텐츠와 마찬가지로 범인으로 의심을 사는 사람, 혹은 단체가 적어도 두 명, 혹은 두 곳 이상 등장합니다. 그리고 언제나 김상중의 "그런데 말입니다"라는 말을 시작으로 새로운 의심이 시작됩니다.

"그런데 말입니다." 김상중의 멘트 뒤에는 뜻밖의 사실이 밝혀지며, 이 사실로 인해 범인으로 의심받던 사람의 누명이 벗겨집니다. 그리고 생각 밖의 사람이 새로운 의심을 사게 됩니다. 혹은 범인으로 의심받던 사람에 대한 의심이 해소될 때쯤 그 사람을 다시금 의심할 수 있는 새로운 증거가 등장합니다.

"그런데 말입니다."

여느 미스터리 스릴러와 마찬가지로 <그것이 알고 싶다> 역시 생각의 변화(전의)를 만들어 당혹과 집중을 일으키는 것입니다.

# 어떤 스포츠를 좋아하는지
# = 어떤 전의(轉意)를 좋아하는지

재미의
시작

**"어떤 구기종목을 좋아하시나요?"**

어떤 식의 전의를 선호하는지에 따라 좋아하는 구기종목도 다를 수 있습니다.

구기종목에서는 끊임없이 관객에게 생각의 변화가 발생합니다. 관객은 어떤 선수가 공을 잡았을 때 '공을 유지할 것이라는 기대'나 '공을 빼앗길 것이라는 기대'를 갖게 되는데요. 공을 유지하리라 생각했으나 빼앗겼을 때와 공을 빼앗길 것으로 생각했으나 유지했을 때가 생각의 변화(전의)가 일어나는 순간입니다.

배구는 손으로, 축구는 발로 공을 튕겨내며 하는 스포츠입니다. 그렇기에 공을 손으로 잡아 유지할 수 있는 농구나 야구보다 종잡을 수 없고 빠른 전의가 일어납니다. 특히 축구에서는 발에 부딪힌 공이 어디로 튈지 잘 가늠이 안 됩니다. 리오넬 메시 같은 역사상 가장 뛰어나다고 평가받는 선수조차 공을 완벽히 컨트롤하지는 못하며, 자주 실수하고 빼앗깁니다. 배구 경기에서는 손에서 튕겨 나가는 공이 굉장히 빠르게 움직이기 때문에 집중하지 않으면 어떤 방식으로 공을 빼앗기거나(공을 받아내지 못하거나) 유지하는지(받아내는지) 확인하기 어렵습니다.

축구나 배구보다 느리지만 더 화려한 방식으로 변화가 일어나는 스포츠는 농구입니다. 농구선수는 공을 손으로 잡은 채로 꽤 오랜 시간 유지할 수 있습니다. 공을 가슴과 팔로 오랫동안 안고 있는 것도 가능한데요. 이런 행위를 최대한 막기 위해 한 번의 공격에 24초의 제한시간을 둘 정도입니다. 빠른 전의를 유도하기 위해서입니다. 축구의 경우 그 어떤 훌륭한 선수라도 공을 오래 가지고 있을 수 없어 그런 룰이 없는 것과는 다릅니다.

야구도 농구와 마찬가지로 손으로 공을 잡을 수 있는 게임이기 때문에 빠른 전의가 일어나지는 않습니다. 야구에서 '공 빼앗김'은 타자가 투수의 손에서 던져진 공을 쳤을 때 일어납니다. 반대로 '공 유지'는 투수가 포수에게 공을 전달했을 때라고 할 수 있습니다. 축구에 비유하면, 투수가 포수에게 공을 던지는 행위는 일종의 패스입니다. 야구에서는 그래서 전의가 주어진 아웃카운트 세 개 내에서만 일어납니다.

전의(轉意)도 취향을 탑니다. 축구를 즐기는 사람은 한 선수의 발끝에서 공이 튕겨 나갈 때마다 일어나는 종잡을 수 없는 전의를 좋아합니다. 종잡을 수 없기 때문에 공을 빼앗기리라는 예상을 깨고 기어코 골을 넣을 때 그 희열은 더욱 커집니다. 배구를 좋아하는 사람들은 순식간에 일어나는 빠른 전의를 좋아합니다. 농구는 그에 비하면 전의가 일어나는 빈도나 속도가 느리지만 그 전의가 일어나는 방식이 아주 화려합니다. 가령 공을 가로챈 선수가 파죽지세로 코트를 가로질러 덩크슛을 꽂아 넣는 장면을 상상해보세요. 혹은 누군가의 덩크슛을 블로킹하는 모습을요. 그보다 단순하고 느긋한 전의가 좋다면 야구를 선호할 것입니다.

'전의는 보는 사람을 무조건 당혹하고 집중하게 하지 않느냐?'는 질문이 당연히 있어야 합니다. 맞습니다. 그러나 사람마다 어떤 생각

141

변화에 집중할 의사가 있느냐는 다른 문제입니다. 마치 어떤 사람의
'관종 행위'가 분명 당혹감과 집중을 유발하지만, 사람에 따라서 그러
한 행위에 정신력을 낭비하고 싶지 않은 것과 같습니다. 그래서 사람에
따라 좋아하는 스포츠가 다를 수 있고, 애초에 선수가 공을 유지하느
냐 빼앗기느냐에 아무런 관심(생각)이 없는 사람은 구기종목 자체에 무
관심할 수 있습니다.

142

축구장 풍경을 떠올려봅시다. 관객은 일어서서 경기에 몰입합니
다. 발끝에서 튕겨 나가는 공의 변화가 어찌나 종잡을 수 없는지, 그 변
화를 확인하려면 그만큼 많은 정신력이 필요하기 때문입니다. 반면, 야
구경기장은 어떻습니까. 관객은 수다를 떨며 무언가를 먹는 모습입니
다. 우리나라 야구장에서는 고기를 구워 먹거나 비빔밥을 비벼 먹는
등의 풍경도 연출되지요. 전의가 상대적으로 천천히 일어나고, 일어날
수 있는 타이밍도 정해져 있으니 그럴 수 있는 것입니다.

제 경우에는 스포츠를 그리 좋아하지 않지만, 굳이 고르라면 야
구를 선호하는 편인데요. 축구나 배구, 농구의 전의는 너무나 빨리 일
어나서 다른 생각을 할 수 없기 때문입니다. 다른 생각도 할 수 있고, 옆
사람과 수다도 떨 수 있는 야구가 편합니다.

전의가 상대적으로 느긋하게 일어나는 야구는 축구나 배구와 비교해 관객의 연령대가 높습니다. 나이가 들수록 종잡을 수 없는 전의가 정신적으로 피로할 수 있기 때문입니다. 반면, 축구를 좋아하는 사람들은 정신력과 체력이 남아도는 젊은 층이 많습니다.

극장에 가면 청소년은 액션영화를 선호하는 반면 중장년층은 잔잔한 영화를 찾는 것과 마찬가지입니다. 사람에 따라 받아들이고자 하는 전의의 형태는 다릅니다.

한편, 우리나라 야구 관객은 2017년 기준 약 840만 명으로, 축구(약 140만명)와 농구(약 100만 명), 배구(55만 명)와 비교해 압도적인 인기를 누리고 있습니다. 이에 대해 야구가 젊은 층과 노년층을 동시에 포용할 수 있는 느긋한 변화가 일어나는 스포츠이기 때문이라는 설명은 정확하지 않습니다. 전 세계에서 가장 인기 있는 스포츠는 축구니까요. 과거 3S 정책(스크린, 스포츠, 섹스에 의한 우민정책)으로 야구를 적극 장려해 우리에게 야구가 익숙하며, 이에 더해 우리나라 사람들이 상대적으로 느긋한 전의를 선호하기 때문이라고 생각됩니다.

여유 있는 전의를 선호하는 모습은 미국과 비슷합니다. 미국에서는 미식축구(미국프로미식축구리그, NFL)가 가장 인기가 있고, 그다음이 야구, 농구, 아이스하키 순인데요. 미식축구는 농구나 야구처럼 손을 자유자재로 써서 공을 오랫동안 유지할 수 있습니다. 또한 야구와 마찬가지로 공격팀과 수비팀이 정해져 있고, 야구에서 세 번의 아웃카운트가 주어지는 것처럼 공격팀에게 네 번의 공격 기회가 주어집니다. 미식축구는 네 번의 공격 기회 안에 10야드를 전진해야 하는 방식으로 진행됩니다. 공격팀은 10야드를 전진할 시 다시 공격권을 얻을 수 있지요. 미식축구에서 전의는 야구보다는 빠르게 일어나지만, 농구나 축구, 배구와 비교하면 느립니다.

그런데 전 세계에서 가장 인기 있는 스포츠는 왜 축구일까요? 축구의 인기에는 두 가지 이유가 있습니다. 첫째, 앞서 가장 종잡을 수 없는 전의가 일어나는 스포츠를 축구라고 설명한 바 있습니다. 바꿔 말하면, 축구는 가장 불안정성이 큰 스포츠입니다. 불안정성은 특·전·격의 효과를 증폭합니다. 둘째, 축구는 가장 쉬운 스포츠입니다. 규칙을 설명하지 않아도 남녀노소 누구나 축구를 처음 보고 이해할 수 있습니다. 달리 말하면, 다른 어떤 스포츠보다 전의를 즐길 수 있는 진입장벽이 낮습니다. 이는 다른 예능이 아닌 <런닝맨>이 유독 국경을 넘어 인기를 누리는 이유와 같습니다. 뛰어다니면서 등에 붙은 스티커를 떼어내는 행위를 이해하는 데에는 별도의 설명이 필요하지 않습니다.

# 리액션이 다 했다
# 뜻밖의 해석이 만드는 당혹과 집중

인터넷에서 기사나 영상을 보고 댓글을 확인하지 않는 사람이 있을까요. 재미의 관점에서 볼 때 사람들은 콘텐츠에서 추가적인 재미를 얻고자 댓글을 확인합니다. 댓글은 콘텐츠에 대한 일종의 리액션입니다. 이 리액션은 콘텐츠의 의미를 새롭게 해석하고, 그 해석은 보통 웃음을 일으킵니다. 전의(轉意)가 당혹과 집중만이 아닌 웃음을 만들어내니 결국 댓글은 하나의 재미있는 콘텐츠인 셈입니다.

영상의 시대이기에, 콘텐츠에 대한 리액션은 댓글을 넘어 영상으로 진화하기도 합니다. 사람들은 이제 손흥민이 골을 넣으면 그저 골 장면만 보지 않습니다. 인기 유튜버 '감스트' 채널에 들어가 '손흥민 골 감스트 반응'이라는 제목의 영상을 확인하지요. 리액션 영상에서 감스트는 손흥민의 골에 대해 보통 이상으로 흥분하며(특이) 여러 가지 관련 정보와 엉뚱한 말(전의)을 쏟아냅니다. 또한, 세계적인 그룹 방탄소년단의 뮤직비디오가 나오면 사람들은 그저 뮤직비디오만 보지 않습니다. 그 뮤직비디오를 보며 춤추고 기뻐하는 외국인의 반응을 보고 싶어하지요. 이 같은 콘텐츠들을 '영상 댓글'이라고 부를 수도 있겠네요.

리액션(전의)을 적극적으로 이용해 성공한 콘텐츠의 원조는 불멸의 농구 만화 『슬램덩크』입니다. 『슬램덩크』는 등장인물들의 행동행동마다 관객의 반응을 정말 극적이고 비중 있게 묘사합니다. 가령 주인공 강백호가 그저 공을 잡았을 뿐인데도, 관객은 "우와! 무려 백호가 공을 잡았어!"라고 야단법석을 떠는 식이죠. 한편, 일본 만화가 대부분 "에~~!"로 시작되는 이런 식의 리액션을 잘 활용하는 편입니다.

147

2010년도 초부터 유행하기 시작해 이제는 조금 시들해진 음악 경연 프로그램들도 사실상 리액션이 다 했습니다. <나는 가수다>, <슈퍼스타K>, <K팝스타>, <프로듀스 101>, <쇼미더머니>, <복면가왕>, <미스트롯>, <미스터트롯> 등 숱하게 제작되고 사라졌던 음악 경연 프로그램의 연출·편집 방식을 떠올려봅시다. 가수가 노래를 부르기 시작하면 반드시 심사위원과 관객의 리액션이 등장합니다. 이 프로그램들은

과하다 싶을 정도로 노래 사이사이에 리액션을 배치합니다. 리액션을
보여주기 위해 노래를 여러 번 반복 재생하는 것은 기본, 가수의 노래
를 끊고 "와 소름 돋아"라는 식의 멘트를 배치하는 경우도 많습니다. 심
지어 일부 프로그램에서는 거짓 리액션을 교묘하게 편집해 논란이 일
기도 했습니다. PD들은 그러한 연출과 편집이 비록 노래를 망칠 수 있
을지라도 시청자의 당혹감과 집중도를 높이고, 결국에는 재미를 유발
할 수 있다는 것을 잘 알고 있습니다. 그 리액션이 바로 전의이기 때문
입니다.

음악 경연 프로그램의 노래를 음원, 혹은 원본영상으로 들어본
경험이 있을 것입니다. 그리고 리액션이 있는 것보다 확연히 감흥이 떨
어지는 것을 느낄 수 있었을 겁니다. 전의가 없으니 당혹감과 집중도가
훨씬 낮아지는 것입니다. 또한, 뒤에서 '특·전·격의 황금비'를 다룰 때
설명하겠지만, 관객이나 심사위원이 감동하는 모습은 그 노래를 실제
보다 훨씬 좋게 들리게 만듭니다. 이는 코미디 프로그램에서 코미디언
의 행동 뒤에 웃음소리를 배치하면 실제보다 훨씬 웃기게 느껴지는 것
과 원리가 같습니다.

# 심미학자 윤광준의 예술을 보는 눈 '재미 찾기'

아트 워커 윤광준은 책 『심미안 수업』에서 자신을 딜레탕트(이탈리아어 '즐기다'dilettare가 어원으로, 예술 애호가)라고 소개하며 '예술을 즐길 수 있는 눈'이 무엇인지 설명합니다. '즐기다'라는 단어는 '어떤 것이 재미있다'는 것이 전제된 단어이니 '예술에서 재미를 살피는 방법' 정도가 이 책의 기획의도가 되겠습니다.

작가는 미술관에 걸려 있는 그림, 한옥이나 일본의 정원, 클래식 음악, 건축과 같은 조금 오래된 콘텐츠에서 재미를 찾는 방법을 설명합니다. 그런데 그가 말하는 심미는 예술을 그저 '본다'(見)는 개념을 넘어섭니다. 그는 표면적인 의미를 넘어서는 가치를 보는 게 심미라고 말합니다. 예컨대 윤광준은 대자연의 아름다움보다 인간의 손이 닿은 결과물이 더 아름답다고 말합니다. 미술, 건축, 음악 등에는 자연과 달리 인간이 부여한 가치가 녹아있기 때문입니다.

제가 그를 인터뷰할 당시에 윤광준은 문화심리학자 김정운과 독일 바우하우스에 대한 책을 쓴다고 했습니다. 그리고 그는 작곡가 구스타프 말러의 천인교향곡(Symphony no. 8)에 빠져있다고 했습니다. 이 곡은 모르고 들으면 그저 소음일 뿐이지만, 말러가 이 교향곡을 작곡한 동기가 아내 알마 말러의 불륜(바우하우스를 세운 건축가 발터 그로피우스와의 외도) 때문이며, 이 곡이 그가 아내의 마음을 돌리기 위해 작곡한 곡이라는 사실을 알고 들으면 새롭게 다가온다고 했습니다. 그리고 윤광준은 자신의 아내를 떠올렸습니다.

윤광준이 말하는 심미, 즉 예술을 즐기는 방법은 이렇게 감상자 스스로 작품에 대한 생각의 변화(전의)를 만들어내는 행위입니다. 예술의 이면을 공부하고 또 그것을 자신의 삶에 적용하는 과정에서 예술에는 두 번의 의미 변화가 일어납니다. 그리고 감상자는 그 두 번의 전의에 당혹하고 집중하게 됩니다. 윤광준은 이를 "자연의 아름다움이 일방적인 수용이라면, 예술의 아름다움은 자신이 개입된 적극적인 반응"이라며 "심미안은 타고난 능력이라기보다 커가는 능력"이라고 설명했습니다. 유홍준이 『나의 문화유산 답사기』에서 "아는 만큼 보인다"
라고 한 것과 동일한 맥락입니다.

　　오래된 예술은 싫다면, 2019년 4월 개봉해 십여 일 만에 천만 관객
을 돌파한 영화 <어벤져스: 엔드게임>을 생각하면 쉽습니다. 이 영화
는 마블 '어벤져스' 시리즈의 마지막 화라고 할 수 있는데요. 이전의 마
블 영화들을 많이 알수록 이 영화에서 느낄 수 있는 재미가 배가 됩니
다. 이 영화의 많은 장면이 이전 영화들의 오마주*였기 때문입니다. 예
컨대 영화의 후반부에 아이언맨(토니 스타크)의 딸이 먹고 싶어 한 치즈버
거는 이전 시리즈와 연결됐을 뿐만 아니라 토니 스타크 역을 맡은 배우
로버트 다우니 주니어의 인생과도 연관이 있습니다. 실제로 지독한 마
약 중독을 극복한 그는 한 프로그램에서 "치즈버거의 맛이 느껴지지
않아 마약을 끊었다"라는 식으로 말한 바 있습니다. 알고 보느냐 모르
고 보느냐에 따라 영화에서 얻을 수 있는 재미는 크게 달라졌습니다.
그래서 영화가 개봉한 후 유튜브에는 이러한 오마주들을 해석하는 수
많은 영상이 올라왔습니다.

　　우리는 많은 콘텐츠에서 표면적인 의미를 넘어서는 새로운 의미
를 찾는 노력을 통해 추가적인 재미를 얻을 수 있습니다. 그러나 최근

151

* 영화에서 존경의 표시로 다른 작품의 주요 장면이나 대사를 인용하는 것

에는 맥락이 없는 아주 짧고 자극적인 콘텐츠들이 유행입니다. 특히 15초 영상을 내세우는 틱톡의 인기는 페이스북이나 인스타그램과 경쟁할 정도로 십대들 사이에서 굉장합니다. 이런 짧은 영상들은 물론 재미는 있지만, 시청자들이 거기서 표면적인 의미를 넘어서는 의미를 찾기란 어렵습니다.

이는 결코 반길 일이 아닙니다. 이런 영상만 즐기다보면, 시청자들이 점점 깊이 생각하려 하지 않게 되기 때문입니다. 기우일 수 있겠지만 맥락 없는 짧고 자극적인 콘텐츠만 보는 세상이 온다면, 그 세상에서는 사람들의 사색하거나 정보를 연결하는 능력이 과거보다 현저히 떨어지고 주체적인 삶을 사는 사람들도 드물지 않을까 하는 걱정이 듭니다.

# 예술을 반드시
# 미술관에서 감상해야 하는 이유

다시 『심미안 수업』으로 돌아와서, 윤광준은 예술을 감상하는 곳
은 반드시 미술관이어야 한다고 이야기합니다. 그 이유는 "미술관에
가면 일단 거리를 두고 대상을 바라보게" 되기 때문인데요. 그는 "무엇
보다 '집중'의 효과가 크다. 대상을 느끼기 위해 필요한 에너지가 모인
다"라고 설명합니다.

어떤 대상과 우리 사이에 전에 없던 거리가 생기면 '집중'이 일어납
니다. 그 거리는 특이(特異)하기 때문입니다. 마르셀 뒤샹의 샘(Fountain)은
그저 소변기일 뿐이지만 사후 열린 회고전들에서 감상의 대상이 됐습
니다. 변기가 미술관에 놓이면서 관객과 변기 사이에 전에 없던 거리가
확보됐고, 따라서 관객이 그 변기에 집중했기 때문입니다.

　　일상에서 우리는 그런 식으로 변기와 거리를 두지 않습니다. 화장
실에 들어가는 상황을 떠올려봅시다. 대소변이 마려운 상황에서 화장
실 문을 열고 들어간 우리는 무엇이 묻었는지 슬쩍 본 후 바로 변기에
앉지요. 만취해서 토할 때가 아니면 세세히 뜯어 볼 일은 없습니다.

　　그러나 미술관에서는 변기에 집중하게 되고, 관객은 변기에서 뜻
밖의 새로운 의미를 찾아낼 가능성이 커집니다. 그렇게 미술관에서는
재미를 느낄 가능성도 커집니다. 특이를 통해 전의(轉意)가 일어나기 때
문입니다. 우리가 미술관에 가야 하는 이유입니다.

# 격변(激變)

상황 따위가 갑자기 심하게 변함

**잠시 창밖을 바라보는 상상을 해봅시다.**

누군가 통화를 하며 걸어가고 있습니다. 하얀 원피스 차림의 여성
이네요. 통화 내용이 재미있는지 한바탕 웃으며 사뿐사뿐 걸어갑니다.

신경 쓰지 말고 하던 일이나 마저 해야겠습니다. 그런데,
어? 어! 엇, 아…
발이 갑자기 뒤틀리더니 넘어집니다. 보도블록 틈에 하이힐이 걸
려서 굽이 부러졌네요. 어? 무릎에서 피가 흐르네요. 치료를 받아야
할 텐데요. 볼 위로 눈물이 떨어집니다.

어? 어! 엇! 안돼!

아…
가서 위로라도 해주고 싶네요.
지나가던 차가 물웅덩이를 밟아버려서 온통 흙탕물을 뒤집어썼
습니다.
콘텐츠에서 격변은 이렇게 등장인물이 처한 상황 따위가 급격하
게 변화하는 것입니다.

창밖의 여성에게 일어난 격변에 우리가 당혹하고 집중했듯 콘텐츠 속 등장인물이 처한 상황 따위가 갑자기 심하게 변하면 시청자는 당혹하고 집중합니다.

이어지는 글에서는 콘텐츠에서 집중과 당혹감을 일으키는 세 번째 요소인 '격변'에 대해 설명하겠습니다.

# 다음 주에도 드라마를 보게 하는 힘
## (feat. 〈스카이캐슬〉)

인기 있는 드라마들은 공통점이 존재할까요? 잘 나가는 드라마들은 제각기 그 스토리나 스토리의 전개방식(플롯) 자체가 특이(特異)하기 때문에 공통점을 찾기란 어렵습니다. 그러나 제각기 다른 잘 나가는 드라마들에도 한 가지 공통점은 있습니다. 그것은 매회 결말부에 시청자의 추가 시청을 유도하는 강렬한 격변(激變)이 있다는 것입니다.

드라마라는 장르는 다른 어떤 콘텐츠보다도 다음 회를 보게 만드는 장치가 중요합니다. 한 회 한 회가 이어지지 않는 다른 콘텐츠들과 비교할 때 중간에 유입되는 시청자가 훨씬 적기 때문입니다. 드라마는 이전 회를 보지 않고 다음 회를 보면 재미가 반감됩니다. 드라마를 1회부터 본 사람들이 그 드라마를 끝까지 볼 수 있는 주요 고객이기에 드라마 제작자는 매회 결말부에서 다음 회를 보고 싶게 만드는 강렬한 격변을 만들어야 합니다. 시청자의 당혹과 집중이 드라마가 끝나고도 이어져야 다음 회 시청으로도 이어지기 때문입니다.

<스카이캐슬>의 높은 시청률을 만든 일등 공신도 등장인물이 처한 상황이 급변하는 결말부 격변(激變)에 있었습니다. <스카이캐슬>은 후반부까지 밋밋하게 흘러가더라도 마지막 몇 분을 남기고는 반드시 다음 회가 궁금하게 만드는 격변을 일으켰습니다. 그 격변의 크기는 일반적인 드라마들이 결말부에 배치하는 격변보다 훨씬 컸습니다. 또한, 그 격변은 시청자가 이전 회차나 해당 회차에서 얻은 상식으로는 대부분 이해하기 어려웠습니다. 일반적인 드라마의 결말부 사건의 이해도가 대략 50%라면 <스카이캐슬> 시청자의 결말부 사건 이해도는 0%에 수렴했습니다.

예를 들어 1회에서는 후반부까지 다소 지루한, 가족들의 평화로운 일상이 이어졌지만, 마지막 30여 초를 남기고 한 어머니가 차가운 눈밭에서 엽총으로 자살합니다. 아들을 서울의대에 보내 모두의 부러움을 사고 행복해 보이기만 하던 어머니였기에 충격은 더욱 컸습니다. 시청자는 이러한 격변을 결코 이해하지 못했습니다. 2회는 1회에서 자살

한 어머니의 자살 이유를 풀어내는 데 집중했는데요. 역시 마지막 장면은 충격적이었습니다. 한 학부모가 2회 내내 굳게 믿고 의지했던 합격률 100% 입시 코디네이터에게 갑자기 찾아가 뺨을 때리는 장면이 연출됩니다. 2회 내내 그 학부모가 뺨을 때릴 이유는 없었습니다. 3회 마지막 장면 역시 충격적입니다. 태생이 귀부인인 것만 같던 한 학부모가 사실은 밑바닥 출신이었다는 충격적인 과거가 밝혀집니다. 이 역시 1, 2, 3회의 내용으로는 추정하기 어렵습니다. 4회 결말부 역시 굉장히 갑작스럽습니다. 한동안 드라마에 등장하지 않아서 거의 잊혀가던, 1회에서 자살한 어머니의 아들이 입시 코디네이터를 살해할 기세로 걸어오는 장면으로 막을 내립니다.

가장 충격적인 장면은 14회의 마지막 장면이었습니다. 입주 과외생으로 부잣집에 들어온 한 아이가 파티 도중에 발코니에서 추락하는 장면인데요. 이 장면은 드라마의 어떤 장면들보다도 화제가 됐습니다. 드라마의 주인공 중 하나라고 생각되던 그 아이가 6회나 남기고 죽을 것이라는 예상은 그 어떤 시청자도 하기 어려웠습니다. 적어도 시청자가 이전 회차들을 통해 얻은 상식을 통해서는 이해할 수 없었습니다. 당시 시청자들은 아이를 떨어뜨린 진범이 누구인지 추측하는 글을 온라인 커뮤니티와 SNS에 쏟아냈습니다.

이런 식으로 <스카이캐슬>은 매회 결말부에서 늘 시청자들의 이해를 거부하는 격변을 연출했습니다. 드라마의 후반부로 갈수록 당연히 시청자는 집중력을 잃기 마련인데요. 결말부에서 격변을 만들어냄으로써 시청자를 당혹하게 하고 다시 드라마에 집중하게 한 것입니다. 이해할 수 없는 큰 충격을 선사하고 드라마가 끝나버리기 때문에 시청자들은 남아도는 집중력을 다음 회가 어떻게 전개될지 추측하고 기대하는 데 사용하게 됩니다. 그 시절 많은 이들이 <스카이캐슬>을 보기 위해 불금과 불토 저녁을 기다린 이유입니다.

<스카이캐슬>은 지금까지 방영된 드라마 중 사회적으로 가장 많이 회자된 드라마입니다. 그동안 대학입시를 장난스럽거나 비현실적으로 다룬 드라마는 종종 있었어도 이렇게까지 사실적으로 다룬 드라마는 없었습니다. 예컨대 그동안 비슷한 드라마들은 대학입시에서 가장 중요한 요소를 부모의 인맥이나 재력 같은 환경적 요소보다는 노력이나 지능 등 개인적 요소로 그려왔습니다. 개천에서 용이 나는 사례가 사라지다시피 한 오늘날 이는 비현실적이었습니다.

이 드라마는 또한 경제적인 불평등과 연결되는 교육기회의 불평등이나 학생부종합전형의 맹점 등 '문제 많은' 입시제도를 비판해 시청

자의 공감을 얻었고, 토론거리를 던져줬습니다. 정계 학계 언론계 할 것 없이 <스카이캐슬>을 말하며 우리나라의 현실을 비판했습니다. 어떤 콘텐츠가 시청자의 가치관과 닿아있으면 그 콘텐츠의 특·전·격이 일으키는 당혹감과 집중은 증폭됩니다. 그 콘텐츠가 시청자와 보이지 않은 끈으로 연결돼 있기 때문입니다.

# 넷플릭스를 몰아 보는 이유

결말부에 격변을 배치하는 드라마는 비단 <스카이캐슬>만이 아닙니다. 이러한 결말부는 인기 드라마의 공통점입니다. 지금까지 큰 상을 받고 호평을 받았던 드라마는 100이면 99 결말부에 <스카이캐슬> 못지않은 격변을 배치했습니다. 그런데 모든 드라마가 <스카이캐슬>과 같은 방식으로 격변을 만든 것은 아닙니다. 결말부에서 격변을 만드는 방식은 드라마마다 조금씩 다릅니다.

넷플릭스가 지금의 넷플릭스가 될 수 있게 한 킬러 콘텐츠 <하우스 오브 카드>는 매회 결말부에 전반부부터 후반부까지의 흐름을 전부 뒤집는 '소시오패스적인 반전'을 배치합니다. 소시오패스 정치인이 권력의 정점까지 오르는 과정을 그리는 이 드라마는 매회 주인공이 정치적인 위기들을 겪는 모습을 보여줍니다. 드라마는 특히 매회 중반부에 주인공의 정치 생명을 끝낼 수 있는 치명적인 위기를 던져주고 주인공이 악화일로를 걷게 합니다. 그러나 이겨낼 수 없을 것처럼 보이던 위기들은 주인공의 극도로 비열한 수(최소 배신에서 최대 살인)로 결말부에서 완전히 뒤집힙니다. 주인공에게 칼끝을 겨누던 모든 위기의 균형이 도미노처럼 무너지는 격변에 시청자는 당혹감과 집중력이 최고조에 달한 상태로 드라마의 엔딩 크레딧을 마주합니다. 그리고 그 당혹과 집중은 여운이 돼 다음 화 시청으로 이어집니다. 이 드라마로 인해 '빈지 워치'*라는 단어가 만들어졌다고 해도 과언이 아닙니다.

스핀오프 시리즈까지 제작된 <브레이킹 배드>의 결말부 격변은 다른 방식으로 충격적입니다. 이 드라마에서는 매회 후반부까지 승승장구하던 주인공이 결말부에서 큰 위기에 봉착합니다. 예를 들어 화학 교사 출신 마약상 월터는 매회 초반부에서 중후반부까지 마약을 만들어 팔며 떼돈을 법니다. 가족을 속이고, 경찰과 마피아를 따돌리며 마약왕으로서 승승장구합니다. 그러나 반드시 결말부 몇 분 동안은 돌이킬 수 없는 치명적인 실수를 저지르거나 그의 불치병, 혹은 가족이나 미숙한 동료로 인해 큰 위기에 봉착합니다. 드라마는 이런 식의 결말부 격변으로 다음 화에는 반드시 월터가 마약상임을 들키거나 체

---

* 폭음 · 폭식이라는 의미의 영어 단어 '빈지'(Binge)와 본다는 뜻의 '워치'(Watch)가 결합된 용어로, 단기간에 TV 프로그램 등 콘텐츠를 몰아서 보는 행위를 일컫는 말.

포되거나 죽을 것이라는 위기감을 조성합니다.*

　　<덱스터>가 결말부에서 격변을 일으키는 방식에는 <하우스 오브 카드>와 <브레이킹 배드>가 섞여 있습니다. 살인마만 골라 살해하는 연쇄 살인마 덱스터는 매회 살해 계획을 세우며 정체를 들킬 위기들에 처합니다. 특히 매회 중반부에서 가장 큰 위기에 봉착하고 악화일로를 걷습니다. 시청자는 매번 중반부에서 이번에야말로 덱스터의 정체가 발각될 것 같다고 생각합니다. 그러나 결말부에서 덱스터는 결국 아무에게도 들키지 않고 살인마를 살해하고 그 시체를 바다에 던져버립니다. 시체가 바다에 빠지는 순간 모든 위기도 함께 사라집니다. <하우스 오브 카드> 식의 격변인가 싶더니 이것이 끝이 아닙니다. 결말부의 끝에는 <브레이킹 배드>와 마찬가지로 새로운 위기의 전조가 찾아옵니다. 다음 회에는 반드시 그의 정체가 발각될 것이라는 위기감을 조성합니다. 이러한 결말부 두 차례 격변은 시청자의 당혹감과 집중력을 극대화해 다음 화를 시청하게 했습니다.

　　<브레이킹 배드>와 <덱스터>의 결말부가 더욱 충격적으로 다가오는 이유는 특·전·격 증폭제 중 하나인 '불안정성' 때문입니다. 어떤 특·전·격이 일어날지도 모른다는 강한 기대감이 조성되면 이후 특·전·격

이 일어날 때는 그 당혹감과 집중의 강도가 훨씬 크게 다가옵니다. 학창 시절 줄을 길게 늘어서서 주사를 맞았던 기억을 떠올려보세요. 그리고 이번에는 잠을 자고 있는데 갑자기 팔에 주삿바늘이 꽂히는 상상을 해보세요. 팔에 주삿바늘이 꽂히는 격변은 줄을 길게 섰을 때, 즉 격변이 일어날지도 모른다는 기대감이 조성됐을 때 더욱 크게 다가옵니다. <브레이킹 배드>와 <덱스터>는 매회 후반부까지 이러한 불안정성을 아주 잘 조성해냅니다. <브레이킹 배드>에서 불안정성의 근원은 월터가 시한부라는 설정과 정신 상태가 불안정한 그의 동료에 있습니다. <덱스터>에서는 주인공의 정체를 의심하는 정의롭고 집요한 주인공의 여동생과, 주인공의 정체를 알고 있는 살인마에 의해 불안정성이 형성됩니다.

167

# 스파이더맨이 인기를 잃은 이유

마블 캐릭터 중 한국에서 가장 인기 있는 캐릭터는 아이언맨입니다. 그런데 사실 아이언맨은 2008년 로버트 다우니 주니어를 주연으로 한 첫 번째 영화가 나오고 나서야 서서히 인기를 얻기 시작했습니다. 아이언맨보다 훨씬 오래전부터 인기가 있었고, 더 많은 영화와 애니메이션이 제작된 캐릭터는 스파이더맨입니다.

스파이더맨은 마블 히어로 중에 격변의 폭이 가장 큰 캐릭터입니다. 마블의 다른 캐릭터들은 평소의 삶과 영웅으로서의 삶이 차이가 거의 없습니다. 예를 들어서 캡틴아메리카는 적과 싸우지 않을 때는 늘 멋지게 샌드백을 치고 있는 모습으로 묘사되지요. 호크아이는 적과 싸우지 않을 때는 자녀들에게 활쏘기를 가르치는 쿨한 아빠입니다. 토

니 스타크가 공개적인 장소에서 "아이 엠 아이언맨"이라고 했듯 그들
이 곧 영웅이고 영웅이 곧 그들입니다. 그들의 삶에는 반전이 없습니다.

반면, 스파이더맨은 자신이 영웅이라는 사실을 숨기고 지질한 삶
을 살다가 범죄가 일어나야만 영웅으로 변모합니다. 그가 가면을 썼을
때는 수다스러워지고 쿨해집니다. 그 급격한 변화에 관객은 당혹하고
집중합니다.

이러한 스파이더맨 특유의 격변을 가장 잘 소화해낸 배우는
2002년과 2004년, 2007년 개봉한 스파이더맨 시리즈의 토비 맥과이
어입니다. 그는 역대 가장 지질한 스파이더맨으로, 쿨할 때와 지질할
때의 격차가 가장 컸습니다. 그 때문에 관객은 어떤 스파이더맨보다
맥과이어의 스파이더맨에게 집중했고 아직까지 많은 이들이 맥과이
어의 스파이더맨에 대한 향수를 느낍니다.

안타깝게도 그의 뒤에 등장한 스파이더맨들은 계속해서 지질한
면모가 사라져갔고, 따라서 격변의 폭도 줄었습니다. 가령 역대 가장
잘생기고 쿨한 스파이더맨인 앤드류 가필드의 '어메이징 스파이더맨'
시리즈는 흥행에 실패해 세 번째 시리즈 제작이 취소됐습니다. 2016년

마블 유니버스에 편입돼 <캡틴 아메리카: 시빌 워> <스파이더맨: 파 프롬 홈>에서 화려하게 등장한 개구쟁이 스파이더맨 톰 홀랜드 역시 맥과이어의 지질한 스파이더맨을 부활시켰다고 보기 어렵습니다. 맥과이어의 스파이더맨과 비교해 모든 면에서 쿨해졌기 때문입니다. 설정은 지질한 아웃사이더이지만 극 중 홀랜드가 지질한 생활을 하는 모습은 잘 나타나지 않습니다. 등장인물 중에 그보다 잘생긴 사람도 찾기 힘듭니다. 홀랜드를 따돌리는 인물들이 오히려 지질해 보일 정도입니다. 심지어 그의 이모까지 아이언맨이 인정할 정도로 '핫' 합니다.

170

스파이더맨은 지금보다 훨씬 지질해지지 않으면 아이언맨의 인기를 제칠 수 없을 것입니다. 지금은 캐릭터가 만들어내는 격변 폭이 작고, 다른 영웅들과 차별성도 없습니다. 홀랜드의 <스파이더맨: 파 프롬 홈>이 800만의 관객 수를 기록하며 흥행한 이유는 캐릭터 덕분이라기보다는 마블에서 우리가 잘 아는 스파이더맨에게 최첨단 슈트를 쥐어 주고 <어벤져스> 스토리와 연결하는 등 특이점을 만들었기 때문 그 이상도 이하도 아닙니다.

# 세계에서 가장 많이 팔린 만화『원피스』 이제는 '의리로 본다?'

20여 년간 연재된 세계에서 가장 많이 팔린 만화책. 그런데 그 인기가 가면 갈수록 예전만 못합니다.『원피스』가 재미없어진 이유는 앞서 <무한도전>이 재미없어진 이유와 맥락이 비슷합니다.

『원피스』를 잠깐 설명하자면, 이 만화의 주인공은 '루피'라는 소년입니다. 만화는 이 소년이 고무고무 열매라는 악마의 열매를 먹고 해적왕이 되기 위해 바다로 나가면서 벌어지는 일들을 그립니다. 고무고무 열매로 인해 루피는 온몸이 고무처럼 늘어나는 우스꽝스러운 초능력과 바다에만 들어가면 몸에 힘이 쭉 빠지는 부작용을 얻습니다. 바다 위에서 싸워야 하는 해적에게는 여러모로 좋은 조건은 아니지만, 그래도 루피의 꿈은 여전히 해적왕. 동료들과 함께 온갖 시련과 역경을 뚫고 꿈을 향해 달려갑니다. 그리고 성장을 다루는 콘텐츠가 보통 그렇듯, 약했던 루피는 점점 더 강해지고, 자신의 핸디캡을 강점으로 만들어버립니다.

『원피스』가 성공한 원인을 짚어보면, 가장 먼저 주인공 루피의 캐릭터 설정을 꼽을 수 있습니다. <무한도전> 멤버들이 평균 이하였던 것처럼, 루피 역시 캐릭터 자체가 '평균 이하'였습니다. 작가 오다 에이치로는 의도적으로 루피에게 약하고 우스꽝스러운 열매를 먹였다고 고백한 바 있습니다. 멋진 능력을 주는 열매가 많은데도 불구하고요.

코믹 만화가 아닌 영웅 만화(히어로 물) 주인공에게 우스꽝스러운 '평균 이하'의 능력을 부여하는 것은 정말 드문 설정입니다. 예를 들어 비슷한 영웅 만화인 『드래곤볼』이나 『슬램덩크』의 주인공들만 봐도 루피처럼 지능이 낮을지는 몰라도 능력만은 멋지고 뛰어났습니다. '평균 이상'이었습니다. 『드래곤볼』의 주인공 손오공의 전투 능력은 어릴 때부터 타의 추종을 불허했고, 『슬램덩크』의 주인공 강백호도 스포츠에 필요한 신체적 능력은 대적할 인물이 없을 정도로 굉장히 뛰어났습니다. 반면, 루피의 능력은 정말 아무짝에도 쓸모없을 것처럼 보였고, 실제로 처음에는 그다지 강하지도 않습니다. 몸이 고무처럼 늘어나는

172

허접한 능력은 강점보다는 약점이었습니다. 게다가 여기에 해적에게 는 치명적인 '맥주병'까지 더해졌습니다.

그런데 이렇게 보통 영웅 만화에서 볼 수 없는 '평균 이하' 캐릭터 설정은 영웅 만화 장르의 인테리어를 비틀었을 뿐 아니라 극이 전개될 수록 그 진가를 발휘하기 시작했습니다. 평균 이하의 주인공이 고군 분투해 결국 역경을 극복해내는 격변의 폭은 다른 영웅들이 역경을 극복할 때보다 훨씬 컸기 때문입니다. 마치 <무한도전> 초창기 멤버들 이 아주 드물게 무모한 도전에 성공할 때처럼 말이지요. 생존에 방해 만 될 것 같던 고무고무 열매의 능력이 전투에서 의외의 결과를 낳을 때, 우스꽝스러운 말과 행동, 낮은 지능이 아이러니하게도 강한 동료들 을 모으고 해적단의 세를 불려가는 데 도움이 될 때, 허술했던 모든 것 이 단단하게 자리를 잡고, 약점이 강점으로 변모할 때, 그 격변에 독자 는 당황하고, 집중하며, 카타르시스를 느꼈습니다. 가령 다리 한쪽 없 는 영웅이 전투에서 승리할 때와 사지 멀쩡한 영웅이 전투에서 승리할 때 독자가 당황하고 집중하는 정도는 분명 다릅니다. 격변의 폭이 다 르기 때문입니다.

혹평은 루피가 형 에이스를 눈앞에서 잃은 '정상결전' 이후로 시작

173

됩니다.『원피스』는 루피가 이 전쟁에서 패배한 이후 장기간 휴재했습니다. 장기 휴재 후 작가는 루피와 동료들의 '2년 후' 이야기를 그렸는데요. 휴재 전과 후의 분위기가 완전히 달랐습니다. 루피를 포함한 해적단 멤버들이 2년 동안 각자 훈련에 정진해 전과는 비교도 할 수 없을 만큼 강해졌기 때문입니다. <무한도전> 멤버들이 평균 이하에서 평균 이상으로 성장한 것처럼 말이죠.

174

루피와 동료들은 과거에는 상대도 못 하던 무시무시한 적들을 쉽게 해치워버리고, 루피 목에 걸렸던 현상금도 단 몇 달 새에 3억에서 10억으로 펄쩍 뜁니다. 그리고 루피는 곧 바다의 다섯 번째 황제, '오황'이라고 불리게 됩니다. 괄목상대라고 표현할 만큼의 큰 성장. 그러나 이 성장은 분명 독이었습니다. 모든 면에서 완벽해지고 강해진 루피는 이전처럼 격차 큰 변화를 끌어낼 수 없었습니다.

『원피스』의 재미는 평균 이하의 주인공이 도저히 이기지 못할 것 같은 적을 우스꽝스럽고 약한 능력으로 쓰러뜨리는 격변과 영웅 만화 장르의 일반적인 인테리어를 파괴한 특이에 기인했습니다. 이러한 격변과 특이는 모두 루피가 평균 이하라는 설정이 키웠습니다. 그러나 루피가 평균 이상이 된 후부터 격변의 폭은 작아졌고, 파괴됐던 영웅 만화 장르 역시 복구됐습니다.『원피스』가 재미를 잃은 이유입니다.

# 격변을 만드는 '플롯'

은유가 시인의 도구라면, 스토리텔러의 도구는 플롯입니다. 소설이나 영화뿐 아니라 예능프로그램이나 광고를 제작할 때도, 인터넷에 돌아다니는 아주 짧은 콘텐츠를 만들 때도 크리에이터들은 플롯을 신경 씁니다.

어떤 사건들을 시간순으로 건조하게 나열한 것이 스토리(사건들을 있는 그대로 시간 순서대로 나열한 이야기)라면, 플롯은 그 스토리에서 사건의 배열을 다르게 하는 구성방식, 혹은 사건을 전개하는 특정한 패턴을 말합니다. 여러 가지 색다른 구슬들이 달린 목걸이를 생각하면 쉽습니다. 구슬 하나하나가 사건이라면, 목걸이는 스토리이고, 목걸이에서 구슬들을 빼내서 많은 부분 버려버리고 독특하게 다시 엮으면 그것이 곧 플롯입니다.

사건들을 새롭게 엮어서 보는 이로 하여금 눈을 뗄 수 없게 한다면 좋은 플롯을 만든 것입니다. 그러기 위해서는 사건들 사이에서 일어나는 변화를 강조해야 하는데, 그러니까 플롯은 결국 '등장인물이 처한 상황의 변화'를 강조하는 이야기 구성방식입니다. 좋은 플롯이라면 이 변화의 정도는 격변으로 인식될 정도여서 시청자의 당혹과 집중을 일으킬 수 있습니다.

'격변으로 인식될 정도'라는 다소 약한 표현을 쓴 이유는 어떤 플롯이 아무리 급격한 상황 변화를 만들어내더라도 그것을 받아들이는 이에게 클리셰라면 격변으로 인식되지 않기 때문입니다. 특·전·격을 만들 때 우리는 늘 이 점을 생각해야 합니다. 가령 아무리 불구경이 '보통'에서 크게 벗어난 상태라고 해도 그것을 받아들이는 이에게 너무나 흔해졌다면 더 이상 특이하지 않습니다. 좋은 플롯 역시 그 플롯이 뻔하게 느껴지기 전까지만 격변을 만들어냅니다.

역사적으로 너무나 많이 사용돼 뻔한 패턴으로 인식될 수 있는 플롯을 전통적인 플롯이라고 부릅니다. 전통적인 플롯이 많이 쓰인 이유는 이러한 플롯이 격변을 만들 수 있음이 오랜 시간에 걸쳐 검증됐기 때문입니다. 전통적인 플롯이 만들어내는 격변을 몇 가지 살펴봅시다.

예를 들어 모험(Adventure) 플롯에서 주인공은 뜻밖의 여정을 떠나고, 갖은 고난을 겪다가 결국 내적·외적으로 변화해 집으로 돌아옵니다. 여기서 뜻밖의 여정과 고난들, 그리고 내적 성장이 바로 격변입니다. 가령 <호빗>에서는 주인공 빌보 배긴스의 집에 느닷없이 드워프들과 마법사가 들이닥칩니다. 그들은 황금용 스마우그에게 빼앗긴 에레보스 왕국을 되찾으러 가자고 제안합니다. 주인공의 평온하고 지루하던 일상은 주인공이 위험을 무릅쓰면서 극적으로 바뀝니다. 1차 격변입니다. 편안하게 집에서 차나 마시던 배긴스가 골룸과 위험천만한 수수께끼 대결을 펼쳐 절대반지를 훔치고, 그 반지를 이용해 스마우그의 성으로 들어가는 고난의 장면들도 모두 모험 플롯을 타고 일어나는 '격변들'이었습니다. 모험의 막바지에 이르러 '다섯 군대의 전투'에까지 참여하게 된 배긴스는 전쟁이 끝나고 내적·외적으로 변화된 채로 자신의 집으로 돌아와 안식을 취합니다. 3차 격변입니다.

영화 <월터의 상상은 현실이 된다>나 <행오버> 같은 퀘스트(Quest, 탐색 : 드러나지 않은 사물이나 현상 따위를 찾아내거나 밝히기 위해 살피어 찾음) 플롯에

서는 주인공이 아주 소중한 무언가를 상실하게 되고, 그것을 순차적
으로 '탐색'하는 사건을 중심으로 이야기가 흐릅니다.

당장 당신의 가족 중 한 명이 사라졌다고 가정해봅시다. 이로 인해
당신이 처한 상황은 급격하게 변화합니다. 잃어버린 가족을 찾을 실마
리를 하나하나 발견해나갈 때도 급격한 변화가 일어나는 셈입니다. 가
령 영화 <행오버> 시리즈에서는 친구들이 여행 중 한 친구를 잃어버리
게 되는데, 영화는 이러한 황당한 잃어버림과 그 잃어버림을 한 단계
한 단계 극복하는 과정을 펼쳐내며 등장인물들이 처한 상황을 크게
변화시켜나갑니다.

이번에는 영화 <쇼생크탈출>이나 동화 『헨젤과 그레텔』에서 차
용한 '잡혔다가 도망치는'(Capture-Escape) 플롯입니다. 이제는 감이 잡힐
겁니다. 등장인물이 어떤 존재에게 잡히는 사건이 벌어지고, 그 존재
로부터 도망치기 위해 애쓰는 고난의 장면들이 펼쳐집니다. 잡혔다가
도망치는 과정에서 등장인물이 처한 상황은 계속해서 급격하게 변합
니다.

이 외에도 영화 <라이언 일병 구하기>처럼 반대와 역경을 무릅쓰

고 속박된 누군가를 구해내는 구조(Rescue) 플롯, 주인공이 바퀴벌레로 변하는 프란츠 카프카의 소설 『변신』처럼 주인공이 외적으로 전혀 다른 무언가로 변형하는 고난에 처하고, 결과적으로 내적으로도 변화하는 변형(Metamorphosis) 플롯, 도저히 이해하기 어려운 사건에 봉착하고 그것의 정체에 한발 한발 다가가는 미스터리(Mystery) 플롯, <본 아이덴티티>로 대표되는 '본' 시리즈나 <메멘토>처럼 정체성을 잃어버리는 사건이 일어나고, 그 정체성을 찾아가는 정체성 찾기(Gain Identity) 플롯, 영화 <타이타닉>이나 소설 『로미오와 줄리엣』처럼 제삼자가 반대하는 사랑에 빠지고 결국 그 사랑을 이뤄내고야 마는 금지된 사랑(Forbidden Love) 플롯 등이 있습니다. 가령 영화 <러브액츄얼리>는 어느 날 갑자기 사랑에 빠져 썸을 타게 된 연인 네 쌍이 각각 이뤄질 수 없는 사랑을 이뤄내는 과정을 연속적으로 보여주는 영화입니다.

전통적인 플롯은 일전에 설명했던 '장르'와 비슷합니다. 비슷비슷한 형태의 격변이 일어나는 이야기들끼리 분류했더니 이러한 플롯의 정체가 드러난 것입니다. 한편으로 전통적인 플롯은 클리셰라고 불리기도 합니다. 우리는 어릴 때부터 이런 플롯들을 너무나 많이 접하게 됩니다. 그래서 처음에는 이 플롯들이 격변으로 인식되지만, 시간이 흐를수록 어떤 이야기가 어떤 플롯을 타고 흐르는지 대충 짐작할 수 있는 경지에 오르게 됩니다. '아 다음에는 결국 이렇게 되겠네' 하고 예상할 수 있다는 말이지요. 아동을 타깃으로 하는 콘텐츠일수록 플롯이 단순하고 성인을 대상으로 하는 콘텐츠일수록 여러 플롯들을 섞거나 플롯을 꺾는 등 복잡한 이유입니다. 성인을 대상으로 전통적인 플롯 하나만을 사용했다가는 집중력을 잃고 극장을 나가거나 채널을 돌려버릴 것입니다. 그들에게 전통적인 플롯은 더 이상 격변으로 인식되지 않기 때문입니다.

따라서 더 많은 시청자의 당혹과 집중을 유도하기 위해서는 전통적인 플롯을 그저 도입하는 정도로 끝나서는 안 됩니다. 캐릭터나 소재, 배경 설정에 특이점을 주든, 플롯에 트위스트를 주든, 두 가지 이상의 플롯을 절묘하게 섞든, 플롯이 일으키는 격변의 폭을 더욱 크게 만들든, 특·전·격을 더해야 할 것입니다. 가령 2020년 상반기 시청률 16.1%를 기록한 드라마 <이태원 클라쓰>는 너무나 뻔한 복수극이었습니다. 시청자들은 다음 장면에 무슨 일이 일어날지 예상했고, 그것이 대부분 들어맞았습니다. 뻔한 플롯이었지만 드라마는 성공했습니다. 박새로이를 필두로 한 개성 넘치는 캐릭터들의 독특한 매력은 결코 뻔하지 않았기 때문입니다. <이태원 클라쓰>는 '보통'을 벗어난 캐릭터 설정 덕에 성공할 수 있었습니다. 반면, 2020년 상반기 최고시청률 28.4%

를 기록한 드라마 <부부의 세계>는 전통적인 복수(Revenge) 플롯의 격변 폭을 극대화했기 때문에 성공할 수 있었습니다. 특히 김희애가 남편의 불륜과 친구들의 배신을 인지하고 모든 게 완벽했던 삶에서 완전한 밑바닥으로 떨어지는 드라마 초반부 격변의 폭은 그동안 불륜을 다뤘던 그 어떤 드라마에서의 격변 폭보다 커서 마치 롤러코스터를 타는 듯한 당혹감을 일으켰습니다.

# 미드 〈슈츠〉
# 그 10년 인기의 비결

**플롯으로 인한 격변의 폭이 유독 커서 성공한 드라마가 있습니
다. 미국의 장수 드라마 〈슈츠〉입니다.**

이 드라마의 중심 플롯은 『로미오와 줄리엣』과 마찬가지로 '금지
된 사랑'입니다. 천재적인 암기력의 소유자 마이클 로스와 뉴욕 최고
의 변호사 하비 스펙터, 두 주인공은 각각 금지된 사랑을 합니다. 로스
는 변호사라는 직업을 너무나 사랑합니다. 그러나 학교에서 퇴학당하
는 등으로 변호사가 될 수 없어 불법으로 변호사가 되고, 남들을 속이
면서까지 자신의 직업을 사수해냅니다. 또 다른 주인공 스펙터는 로스
의 인성과 뛰어난 능력을 사랑해 그의 사기행각을 덮어주고 자신의 변
호사 자리를 걸어가며 로스를 지켜냅니다.

10년 동안 방영된 아홉 개 시즌 전체는 이러한 '금지된 사랑'을 중심으로 전개됩니다. 그리고 이 '금지된 사랑'으로 인해 일어나는 격변은 드라마의 장르마저 바꿔버릴 정도로 강력했습니다.

가장 기가 막혔던 격변은 변호사로 계속 일할 것만 같았던 로스가 자신의 비밀이 회사 동료들과 연인에게 피해가 될 것을 두려워해 금융업계로 전업하게 되는 것이었습니다. 이로 인해 황당하게도 법조 드라마였던 <슈츠>는 갑자기 금융 드라마로 변합니다. 주인공이 처한 상황의 급격한 변화가 드라마 장르의 변화까지 이끌어낸 것입니다. 무려 한 개의 시즌이 흐르는 동안 로스는 법조계가 아닌 금융업계에서 종사합니다.

그리고 이러한 격변은 또 다른 격변을 낳습니다. 큰 투자회사에서 일하게 된 로스는 자신의 상사였던 스펙터를 하대할 수 있는 위치가 됩니다. 실제로 로스는 과거 스펙터가 자신에게 그랬던 것처럼 소리를 질러대며 스펙터를 하대하는데요. 비유하자면 당신이 하대했던 후배가 어느 날 갑자기 선배가 돼 당신에게 큰소리를 치는 격입니다. 장르의 변화에 이어 상하관계의 역전이 일어난 것입니다.

로스를 둘러싼 조연들이 처한 상황 역시 '금지된 사랑'을 중심으로 크게 변합니다. 로스의 연인과 상사들은 처음 얼마 동안은 로스의 거짓말을 용납할 수 없어 하지만 시간이 흐를수록 로스와 비밀을 공유하며 비밀을 덮어주는 공범 관계가 됩니다. 그들도 로스와 '금지된 사랑'에 빠지게 된 셈입니다. 조연들은 로스의 비밀을 덮어주려다가 직장에서 쫓겨나거나 법을 어기기도 합니다. 반면, 로스의 비밀을 이용해 높은 자리에 오르는 이도 있습니다.

'시즌 5'에서는 스펙터의 비서 도나가 로스의 비밀을 덮어주려다가 감옥에 갈 위기에 처하고, 일련의 사건으로 인해 사랑하는 사이였던 스펙터와 멀어지게 됩니다. 유독 끈끈했던 둘의 사이가 소원해질 것이라고는 다섯 시즌이 흐르는 동안 그 누구도 예상하지 못했지만 결국 그렇게 되고 맙니다. 도나는 스펙터의 경쟁자인 리트의 비서로 가버리고는 쉽게 돌아오지 않습니다.(참고로 비서 도나와 스펙터의 사랑은 이 드라마의 또 다른 '금지된 사랑'입니다.)

도나와 헤어진 충격으로 인해 스펙터는 정신과 상담을 받게 되고, 다음 시즌(시즌 6)은 스펙터가 정신과 상담을 받는 내용을 중심으로 전개됩니다. 스펙터는 드라마상에서 가장 유능한 변호사로, 말론 브란도를 닮은 외모에 머리도 좋고 승률도 100%를 자랑해 절대 무너지지 않을 것처럼 보였습니다. 그런 스펙터가 정신적으로 굉장히 나약해지는 것입니다. 격변입니다. 그리고 이러한 급격한 상황 변화로 인해 드라마는 또다시 장르가 바뀝니다. 로펌 이야기는 곁다리가 되고 스펙터의 정신과 상담이 중심축이 됩니다. 법조 드라마에서 금융 드라마로, 이어서 정신과 상담 드라마로, 격변으로 인해 또다시 장르가 바뀐 것입니다.

여기서 끝이 아닙니다. 다음 시즌에서는 로스가 가짜 변호사라는 사실이 만천하에 드러나게 되고, 결국 로스가 감옥에 가게 됩니다. 이 시즌에서 로스는 <쇼생크 탈출>에 버금가는 감옥 탈출기를 찍습니다. 실제로 로스가 감옥에 들어가자 한 간수가 "쇼생크 탈출은 세상에서 가장 뛰어난 영화야"라고 말합니다. 격변으로 인해 드라마는 법정 드라마에서 금융 드라마에서 정신과 상담 드라마에서 감옥 탈출기로 장르가 변합니다. 끝이 아닙니다. 로스의 감옥행으로 인해 뉴욕 최고를 자랑하던 로펌은 명성에 큰 타격을 입게 되고, 수십 명이던 변호사가 단 세 명으로 줄게 됩니다. 이후 남은 세 명의 변호사들이 회사를 재건하기 위해 고군분투하는 장면이 그려집니다.

<슈츠>가 그저 뛰어난 변호사들이 사건을 해결하는 로펌 이야기

만 계속했다면 아홉 개 시즌은 힘들었을 겁니다. 한편, <슈츠>의 격변
은 그 변화의 폭이 장르를 바꿔버릴 정도로 큰데도 불구하고 막장드
라마의 막장 요소도, 개연성 없는 B급 요소도 없습니다. 고급스러운 격
변이 계속됐던 것 역시 <슈츠>의 장수 이유입니다.

한편, 데이빗 핀처 감독의 영화 <나를 찾아줘>(Gone Girl, 2014) 역시
두 번의 격변으로 인해 극의 장르가 바뀝니다. 아내의 납치범을 찾는
미스터리 스릴러로 시작한 이 영화는 이후 바람피운 남편에게 복수
하는 아내의 복수극으로, 그리고 아내의 사이코패스 성향이 밝혀진
후에는 호러, 혹은 그런 말이 있다면 사이코패스극으로 변화합니다.
149분이라는 길지 않은 시간 동안 일어나는 격변과 그로 인한 두 번의
장르 변화에 관객은 당혹하고 집중했습니다.

# '메이크 오버'
# 인간이 만드는 격변

〈렛미인〉, 〈냉장고를 부탁해〉, 〈미생〉, 〈러브하우스〉, 〈세상에 나쁜 개는 없다〉, 〈우리 아이가 달라졌어요〉, 〈슈퍼 내니〉, 〈언더커버 보스〉, 〈인간극장〉, 〈쇼생크 탈출〉

이 프로그램들은 공통적으로 '메이크 오버'(make over : 고치다, 개선하다) 플롯을 그 중심축으로 하고 있습니다. 메이크 오버란 문제가 있다고 여겨지는 대상이 전문가의 조력이나 영향을 받아 크게 변화하는 플롯입니다.

메이크 오버만큼 강렬한 플롯도 드뭅니다. 소설 『변신』에서 바퀴벌레로 변하는 주인공이 전 세계 독자를 사로잡았던 것처럼, 전혀 다른 것으로의 변신(transformation)은 그 자체로 격변인데, 이러한 변화가 어떤 마술이나 판타지적 요소가 아닌 '사람'에 의해 이뤄지기 때문입니다.

외모 콤플렉스가 심한 사람에게 성형수술을 해주는 <렛미인>이 대표적입니다. 성형수술 전과 후의 극명한 변화는 격변입니다. <냉장고를 부탁해>도 같은 플롯입니다. 냉장고 속 거무튀튀한 봉지에 쌓여 있던 식재료가 전문가들의 손에서 일류 요리로 재탄생하지요. '따라 다랏 따~ 따라라라~' 2000년에 방영한 예능 <러브하우스>는 좁고, 더럽고, 위험한 집을 전문가가 개조해 누구나 살고 싶은 예쁜 집으로 변화시키는 프로그램이었습니다. 2020년 하반기 인기 예능 <신박한 정리>는 전문가의 '정리'를 통해 스타의 집을 전혀 다른 집으로 변화시킵니다. 오은영 박사는 <우리 아이가 달라졌어요>에서 문제가 있다고 생각되는 아이를 '말 잘 듣는' 아이로 거듭나게 합니다. 미국 인기 프로그램 <슈퍼 내니>(육아의 달인) 역시 비슷한 프로그램입니다. <세상에 나쁜 개는 없다>에서 강형욱은 문제견의 행동을 교정하지요. 미국 리얼리티 프로그램 <도그 위스퍼러> 역시 같은 플롯입니다.

한편, 메이크 오버는 단순히 외적인 변화만을 의미하는 것은 아닙니다. 찰스 디킨스의 소설 『크리스마스 캐럴』의 구두쇠 스크루지가 그랬던 것처럼 한 인간이 누군가의 영향을 받아 내적으로 재탄생(rebirth)하거나 구원(redemption)받는 플롯도 크게 보면 메이크 오버입니다. 가령 드라마로도 제작된 만화 『미생』은 실패한 바둑인이 낙하산으로 대기업에 입사하며 겪게 되는 이야기가 전부는 아닙니다. 주인공을 둘러싼 인물들은 주인공의 영향으로 내적으로 성장하는 변화를 겪습니다.

또 다른 예로, 시즌 8까지 제작된 미국 인기 예능 <언더커버 보스>는 사장이 전문가의 도움을 받아 직원으로 몰래 숨어드는 프로그램입니다. 이 프로그램에서 먼저 사장은 외양과 지위가 크게 변합니다. 그리고 프로그램이 끝날 때쯤에는 사장이 부하직원을, 부하직원이 사장을 이해하게 되는 내적 변화가 일어나게 됩니다. 재탄생(Rebirth) 혹은 구원(Redemption)입니다. 이러한 내적 메이크 오버가 일어나는 대표적인 영화로는 <쇼생크 탈출>이 있습니다. <쇼생크 탈출>의 원제는 'Shawshank Redemption'(쇼생크에서 일어난 구원)입니다. 이 영화의 감동은 탈옥이라는 외적인 결과물이 아닌 인간성의 회복과 구원에 있습니다.

# 박찬욱의 복수가 '다른' 이유

'복수'라고 하면 떠오르는 감독이 있지요. 우리나라의 보물이라고 해도 그 찬사가 아깝지 않은 박찬욱 감독입니다. <복수는 나의 것> <올드보이> <친절한 금자씨>가 '복수 삼부작'으로 불리며 세계적으로 유명합니다.

주인공이 크게 당하고, 이후 자신을 괴롭혔던 악당에게 복수한다. 복수(revenge) 플롯은 보통 이렇게 단순합니다. 이 플롯의 첫 격변은 주인공이 크게 당하면서 일어납니다. 그리고 주인공의 복수가 시작되면서 또 한 차례 격변이 일어납니다. 주인공과 악당이 처한 상황이 전복됩니다. 악당에게 처절하게 짓밟혔던 주인공이 이제는 반대로 악당을 짓밟습니다. 약자였던 주인공은 강자였던 악당에게 우위를 점하고, 강자였던 악당은 철저하게 약해져 주인공 앞에 무릎을 꿇고 고통받는 것입니다. 당연히 주인공이 악당에게 더 처참하게 당할수록, 더 약할수록 더욱 큰 당혹과 집중이 일어납니다. 복수가 일어날 때 격변의 폭이 더 커지기 때문입니다.

박찬욱 감독 역시 복수 삼부작에서 약자의 고통과 약자가 무참히 짓밟히는 장면을 부각합니다. 격변의 폭을 크게 하기 위해서입니다. 예컨대 <복수는 나의 것>에서 주인공은 듣고, 말하지 못하는 장애인인데, 신장이식을 받지 못해 고통받는 누나까지 부양해야 합니다. 누나의 수술비를 벌어야 할 시기에 설상가상으로 다니던 공장에서 해고됩니다. 퇴직금과 자신의 신장을 판 돈으로 누나의 신장을 마련해보지만, 이제는 수술비가 부족해 누나가 수술을 받지 못하는 상황에 처합니다. 주인공의 고통은 여기서 끝나지 않습니다. 누나의 수술비를 마련하기 위해 친하게 지내던 한 아이를 거짓으로 납치하게 되지만 수술비를 받아온 날 누나가 자살합니다. 아직 멀었습니다. 고향 강가에 누나를 묻으러 가는데 곧 가족에게 돌려보낼 아이가 수영을 하다가 물에 빠져 죽어버립니다.

<올드보이>와 <친절한 금자씨> 역시 마찬가지입니다. 이 두 영화

에서 약자인 주인공의 고통을 나열하자면 위 문단만큼 긴 문단이 두 개나 더 필요합니다. 약자는 미안할 정도로 약하며, 철저히 짓밟힙니다. 그래서 약자가 자신을 괴롭혔던 자들에게 복수를 감행할 때 그 격변의 크기는 더욱 커집니다.

여기서부터 조금 다른 이야기를 하겠습니다. 사실 복수 플롯은 흔합니다. 복수 삼부작만큼 격변의 폭이 큰 영화들도 드물지는 않습니다. 그런데 왜 박찬욱 감독의 영화는 다른 복수극과 달리 예술적이라고 호평을 받을까요? 결론부터 말하면, 그것은 일정 부분 전형적인 복수 플롯의 틀을 깼기 때문입니다.

전형적인 복수 플롯에서는 늘 완전한 악인이 등장하고, 주인공은 자신을 짓밟았던 그 악인에게 통쾌하게 복수합니다. 그래서 복수 플롯을 사용한 영화는 대개 결말이 후련합니다. 복수는 곧 악의 종식을 의미하기 때문입니다.

그러나 박찬욱의 복수극은 어쩐지 결말이 찜찜합니다. 일반적으로 기대되는 복수극의 문법을 따르지 않기 때문입니다. 예컨대 <복수는 나의 것>에서는 주인공이 장기밀매업자에게 복수하는 전형적인 복수극 외에도 한 가지 복수가 더 일어납니다. 영문도 모른 채 딸이 납치 당하고, 딸의 죽음을 마주하게 된 아버지가 주인공에게 벌이는 복수극입니다. 그런데 자신의 딸을 납치하고 죽게 한 주인공에게 복수하는 장면에서 아버지는 눈물을 흘립니다. 자신이 복수하는 대상이 악인이 아니며 악한 의도가 없었음을 잘 알기 때문입니다. 관객은 아버지의 복수를 이해하지만 통쾌한 기분을 느끼지는 못합니다. 악을 짓밟는 전형적인 복수극과 달리 <복수는 나의 것>에서는 어쩔 수 없이 죄 없는 자가 죄 없는 자를 짓밟기 때문입니다.

　　<올드보이>에서도 악인을 짓밟는 후련함은 일지 않습니다. 영문도 모르고 15년간 감금당한 샐러리맨의 복수를 그린 이 영화는 알고 보니 또 다른 복수극이었습니다. 주인공이 감금을 당했던 이유는 과거 그가 저질렀던 죄의 업보 때문이었습니다. 주인공 때문에 누나를 잃게 된 이가 주인공을 감금함으로써 복수를 이뤄낸 것이었습니다. 그렇기에 주인공의 복수는 찜찜합니다.

　　세 영화 중 가장 나중에 개봉한 <친절한 금자씨>(2005)는 복수 삼부작 중에서 유일하게 전형적인 복수극의 문법을 따르는 듯합니다. 이영애가 자신을 억울한 죄인으로 만들어 13년간 감옥에서 썩게 한 살인

마 최민식에게 복수를 한다. 플롯만 보면 보통 복수극과 다르지 않습니다. 그러나 이 영화는 복수라는 지저분한 과정을 눈처럼 깨끗한 고고함으로 그려냈다는 점에서 다른 복수극들과 달랐습니다. 박찬욱은 이 영화에서 '복수란 함께 더러워지는 것'이라는 클리셰를 깼습니다. 더러운 쓰레기를 치우기 위해서는 치우는 사람의 손도 더러워질 수밖에 없기 마련인데, 이 영화는 그 손을 강박적으로 깨끗하게 유지하며 쓰레기를 치워냈습니다. 이를 위해 영화는 다양한 장치와 상징을 사용해 이영애의 복수를 고결하게 만들었습니다. 스크린은 대부분 눈처럼 희며, 이영애의 말과 행동은 '결벽'이라고 표현할 정도로 차갑고 건조합니다. 이영애는 감옥에서 나오자마자 최민식에게 자식을 잃은 피해자를 찾아갑니다. 그리고 자신의 손가락을 잘라내며 용서를 빕니다. 자신이 짓지도 않은 죄까지, 혹은 자신이 모르고 지었을지도 모르는 죄까지 사죄하며 완전무결한 존재가 되려 한 것입니다. 최민식을 잡은 뒤에는 피해를 본 다른 사람들에게도 복수할 기회를 줬습니다. 피해를 본 사람들이 많은데도 자신만 복수한다면 그것 역시 죄이기 때문입니다.

이렇게 박찬욱 감독은 죄가 죄를 낳는 일반적인 복수가 아니라 눈처럼 깨끗한 복수를 그려낸 것입니다. 모든 예술적인 것들은 클리셰를 깹니다.

# 전통적인 플롯 두 개를 절묘하게 섞은 영화 〈행오버〉

전무후무한 인기를 누린 코미디 영화 〈행오버〉. 숙취(Hangover)라는 제목답게 이 영화는 "We don't remember anything"(우리는 하나도 기억이 안 나)이라는 대사로 시작합니다. 영화사상 가장 '보통'에서 벗어난 '돌아이' 캐릭터 앨런이 전날 밤 친구들을 약물에 취하게 했기 때문입니다. 친구들은 그 약 기운으로 인해 속된 말로 미친 상태로 놀다가 다음날 심한 두통과 함께 일어나고, 전날 무슨 일이 있었는지 하나도 기억하지 못합니다. 설상가상으로 일어나면 꼭 친구 중 한 명이 사라지고 없습니다.

영화는 잃어버린 친구 한 명을 찾기 위해 고군분투하는 이야기이지만 잃어버린 기억을 찾는 이야기이기도 합니다. 아침에 일어나보니 어딘지 알 수 없는 호텔이고, 앞니가 빠져 있고, 얼굴에는 문신이 돼 있고, 가슴 성형 수술이 돼 있고, 화장실에서는 호랑이가 튀어나옵니다. '도대체 전날 무슨 일이 있었던 거지?' 등장인물들은 잃어버린 친구와 함께 잃어버린 기억을 찾아내기 위해 갖은 고생을 합니다.

　　<행오버>는 플롯이 하나가 아닙니다. 잃어버린 친구를 찾기 위해서 미션을 하나씩 수행해나가는 퀘스트(Quest) 플롯과 기억을 잃어버린 상태에서 정체성(어젯밤 뭘 했는지)을 찾아 나가는 정체성 찾기(Gain Identity) 플롯이 절묘하게 섞여 있습니다.

　　잃어버린 정체성을 찾는(Gain Identity) 플롯에서 격변은 등장인물이 정체성을 잃어버린 것을 깨달을 때, 그리고 잃어버린 정체성이 하나씩 회복될 때 일어나며, 관객은 그 격변들에 당혹하고 집중합니다. 퀘스트 플롯에서는 소중한 무언가를 잃어버리는 충격적인 사건이 발생할 때, 그리고 잃어버린 무언가에 한 발짝씩 가까워질 때가 바로 등장인물이 처한 상황이 급격하게 변화하는 시점입니다.

　　<행오버>는 이 두 플롯이 좋은 케미스트리를 이루며 전개됩니다. 예를 들어 집 화장실에 뜬금없이 앉아 있는 호랑이는 어젯밤 일어났

던 일에 대한 궁금증을 유발(Gain Identity 플롯의 시작)합니다. 그리고 곧 친구들은 소중한 친구 한 명을 잃어버렸다는 사실도 깨닫게(Quest 플롯의 시작) 됩니다. 친구들은 잃어버린 친구를 찾아 나서는 동시에 어젯밤 일어났던 일에 대한 정체성을 찾아갑니다.

친구를 찾는 과정에서 등장인물 중 한 명의 앞니가 빠진 이유가 밝혀집니다. 술집에서 약에 취해 본인이 직접 펜치로 뽑은 것이었습니다. 얼굴에 문신이 새겨진 이유 역시 밝혀집니다. 약에 취해 행인과 대판 싸우다가 경찰과 시비가 붙었고, 경찰을 피해 도망친 문신전문점에서 자발적으로 한 것이었습니다. 정체성을 찾는 과정에서 친구를 찾을 실마리도 얻게 됩니다. 이렇게 등장인물들이 처한 상황은 잘 섞인 두 개의 플롯을 타고 끊임없이 급격하게 변화합니다. 그리고 이는 관객을 시종일관 당혹하고 집중하게 합니다.

정체성에 대한 질문들은 터무니없는 답으로 해소되고, 친구를 찾는 미션들은 너무나 엉뚱한 방식으로 수행됩니다. 격변이 모두 웃음을 유발하는 방향으로 흐르기에 <행오버>는 '코미디' 영화입니다. 반면, 영화 <본 아이덴티티>의 주인공 제이슨 본 역시 잃어버린 정체성을 찾아가지만 극의 분위기는 <행오버>와 달리 진중합니다. <본 아이덴티

티>에서 격변은 긴장감과 심각함을 향해 흐르기 때문입니다. "까꿍"
뒤에 나타난 엄마의 표정이 웃음이었다면 아이는 웃게 됩니다. 반면
"까꿍" 뒤에 엄마가 울고 있었다면 아이는 울음을 터뜨립니다.

# 〈애드 아스트라〉,
# 플롯을 비빔밥처럼 섞어라

앞서 빌리 아일리시와 봉준호에 대해 설명할 때 '어떤 것이 재미있다면, 이 세상에 있는 것들로 쉽게 정의할 수 없다'고 했습니다. "영화〈애드 아스트라〉의 플롯이 무엇인가?"라고 누군가 묻는다면 역시 봉준호 영화의 장르처럼 "한두 개로 쉽게 정의할 수 없다"라고 말해야겠습니다. 미스터리(Mystery), 구조(Rescue), 모험(Adventure), 구원(Redemption).〈애드 아스트라〉에 섞여 있는 전통적인 플롯들을 분석해보면 대표적으로 이렇게 네 가지를 꼽을 수 있습니다.

우주선 조종사 로이 맥브라이드는 아버지가 우주 어딘가에서 살아있다는 믿기지 않는 소식을 상부로부터 듣게 됩니다. 20여 년 전 우주에서 죽었을 것이라 생각했던 아버지가 말이지요. 더 충격적인 것은,

그 아버지가 지구를 위협하고 있다는 사실입니다. 어째서 살아있고, 어째서 지구를 위협하지? 아버지는 과거 인류의 진보를 위해 가장 먼 우주를 개척했던 입지전적인 인물입니다. 이 지점에서 미스터리가, 그리고 미스터리 플롯이 시작됩니다.

이후 맥브라이드는 아버지를 설득하기 위해 화성으로 떠납니다. 아버지에게 메시지를 보낼 수 있는 전파장치가 있기 때문이지요. 그런데 화성에서 아버지에게로 보낸 메시지가 효과가 없자 상부에서는 아버지를 죽이고자 합니다. 아버지를 죽이겠다는 말을 듣자 맥브라이드는 아버지를 구조하고(Rescue 플롯 시작) 아버지가 도대체 왜 지구를 위협하는지, 혹은 정말로 살아있는지를 알아내기 위해 위험을 무릅쓰고 '뜻밖의 여행'을 떠납니다(Adventure 플롯 시작).

그리고 이 모험을 통해 맥브라이드는 일종의 구원(Redemption : 한 인간을 죽음과 고통과 죄악에서 건져 내는 일)을 받습니다. 그는 후반부에서 아버지를 만난 뒤 아버지와 자신이 그토록 열심히 좇았던 우주가 실제로는 너무나 허무했다는 사실을 알게 됩니다. 그리고 가정과 사회를 등한시하고 오로지 허무한 우주에만 천착했던 아버지와 자신이 너무나도 어리석었다는 사실을 깨닫고 반성하게 됩니다. 우여곡절 끝에 지구로 돌아온 맥브라이드는 그동안 우주에 집중하느라 포기했던 삶, 소홀했던 인간관계를 회복합니다. 죄악에서 벗어나 인간성을 찾은 것입니다.

<애드 아스트라>는 이렇게 네 가지 전통적인 플롯이 잘 비빈 비빔밥의 재료들처럼 섞여 있습니다. 따라서 이 영화는 그 자체로 특이(特異)하고, 플롯을 따라 일어나는 격변 또한 많습니다. 한편, 이렇게 많은 플롯이 섞여 있음에도 불구하고 이 영화를 단 하나의 플롯으로 규정하라면 그래도 미스터리 플롯이 가장 큰 비중을 차지합니다. 미스터리 플롯에서 당혹감과 집중은 등장인물이 마주한 미스터리가 전에 없던 것일수록 커집니다. 20여 년 전에 인류를 위한 우주탐사를 떠나 사망했다고 알고 있던 아버지가 살아있다는 것도 이상한데, 우주 저편에서 인류를 위협하고 있다는 미스터리. <애드 아스트라>의 미스터리는 '보통'에서 멀리 벗어난 것이었습니다.

# 천만 관객 영화들의 '뻔한' 공통점

**"박찬욱, 봉준호 감독 같은 유명 감독이 아닌 감독들은 거대 자본에 휘둘릴 수밖에 없다."**

영화는 그림이나 소설, 웹툰처럼 물감과 붓, 혹은 컴퓨터 한 대만 있으면 뚝딱 만들어지는 콘텐츠가 아닙니다. 영화는 가장 많은 인력과 돈이 들어가는 예술입니다. 다양한 이권이 엮여있기에 영화, 특히 상업 영화는 콘텐츠 중에서도 가장 보수적이라고 할 수 있습니다. 여기서 보수적이라 함은, 모두의 돈을 위해 가장 실패하지 않을 방향, 손해를 보지 않을 방향으로 제작을 하는 것입니다. 그리고 안타깝지만 여기서 클리셰가 생깁니다.

만약 당신이 100억 원을 투자한 영화가 있다고 가정해봅시다. 그런데 유명하지도 않은 감독이 기존에 없던 것을 만든답시고 증명되지 않은 특이한 플롯과 캐릭터 설정 등을 시도한다고 해봅시다. 당신이 100억 정도를 하찮게 볼 부자가 아니라면 모 아니면 도로밖에 보이지 않는 감독의 이러한 행태를 용납할 수 없을 겁니다. 만약 영화가 제작비도 못 건진다면 당신의 100억은 온전히 날아가는 셈이니까요. 반면, 만약 당신이 10만원을 투자한 영화가 새로운 시도를 한다고 했을 때 당신은 오히려 그 시도를 반길지도 모릅니다. 잃어도 그만인 돈이니까 안전보다는 위험을 선호하겠지요. 그러나 펀드가 아닌 이상 10만원을 투자할 수 있는 영화는 없습니다. 투자금은 통상적으로 적어도 1,000만원 이상입니다.

보수적인 영화의 캐릭터 설정과 플롯이 어떠한지는 천만 관객을 돌파한 상업영화들의 공통점을 분석하면 알 수 있습니다. 외양만 다를 뿐 천편일률적인 플롯을 차용한 영화들이기 때문입니다. 공통점을 세 단어로 표현하면 하자(瑕疵, '흠'을 이르는 말)와 고난, 구원(Redemption : 한 인간을 죽음과 고통과 죄악에서 건져 내는 일)입니다. 이 영화들에서 하자 혹은 결점이 있는 주인공은 그 하자나 결점과 맞물린 끝을 모르는 고난에 빠져 인생의 밑바닥까지 내려가는 상황에 처하고, 그 고난을 극복하거나 견뎌 내는 과정에서 고통과 죄악에서 벗어납니다.

굳이 플롯으로 구분한다면 구원(Redemption) 플롯입니다. 이 플롯에서 격변은 크게 두 번 일어납니다. 주인공이 하자와 맞물린 끝없는 고난에 빠져 밑바닥까지 내려가는 격변과 그 고난을 극복하거나 견뎌 내는 과정에서 구원받는 격변입니다. 이는 한국에서 소위 먹히는 플롯, 먹히는 캐릭터 설정입니다. 상업 영화들은 정말 예외 없이 이러한 구조로 제작됩니다. 이러한 구조가 줄곧 흥행보증수표였기 때문입니다.

"장수 된 자의 의리는 충을 쫓아야 하고, 충은 백성을 향해야 한다."

<명량>에서 이순신은 백성을 사랑하는 마음이 하자로 느껴지는 소위 '백성 바보'입니다. 정유재란이 일어나자 백의종군에서 복귀한 그는 피를 토할 정도로 건강이 악화된 상태에서도 밤을 새워 전쟁을 준비합니다. 육군으로 복귀하라는 어명도 거부하고 오로지 백성을 위해 자발적인 고난에 처합니다. 한 부하는 도망치지 않는 이순신의 암살을 도모하며 거북선에 불을 지르고 설상가상으로 감당하기 버거운 일본군이 들이닥치지만, 이순신은 결국 열두 척의 배로 300여 척의 배와 맞

서 백성을 구해내고 성웅으로 거듭납니다.

"아버지, 내 약속 잘 지켰지예. 막순이도 찾았고예. 이만하면 내 잘 살았지예. 근데, 내 진짜 힘들었거든예."

<국제시장>은 어떻습니까. 선장이 꿈이었던 '가족 바보' 황정민은 꿈에 그리던 해양대에 합격하지만, 장남으로서 가족을 부양해야 한다는 지나친 책임감 때문에 독일 탄광으로 떠나고 베트남전에 참전하는 등 일평생 자발적인 고난에 처합니다. 수십 년이 흘러 꿈을 이루기는커녕 툭하면 화를 내는 무력한 노인이 돼버렸지만, 그는 희생으로 지켜낸 단란한 가족과 급성장한 대한민국의 모습을 보면서 고통에서 벗어납니다.

<7번방의 선물>에서 여섯 살 지능에 '딸 바보'인 류승룡은 딸에게 세일러문 가방을 사주려다가 저지르지도 않은 죄를 뒤집어쓰고 교도소에 수감됩니다. 폭행과 멸시를 당하면서도 결국 딸과 만나고 재심의 기회도 얻지만, 딸을 살리고자 거짓 자백을 하며 재심에서도 사형을 선고받습니다. "정의의 이름으로 아빠를 용서하겠습니다." 이후 변호사가 된 딸은 아버지의 누명을 벗깁니다.

"내가 뭣 때문에 죽기 살기로 뛰어다녔는데?"

"내 핑계 대지 마. 내가 언제 그렇게 하라 했어?"

<태극기 휘날리며>에서 '가족 바보' 장동건은 <국제시장>의 황정민과 마찬가지로 가족에 대한 막중한 책임감이 결점이라면 결점이었습니다. 부인이 죽고 동생을 잃어버리는 등의 고난은 그의 강한 책임감과 맞물렸고, 그는 죄책감과 분노로 미쳐버립니다. 그러나 영화의 후반부에서 그는 죽은 줄만 알았던 동생을 끝내 구해내며 정신적 고통에서 벗어나게 됩니다.

"아빠, 아빠는 왜 자기 생각만 해요? 그래서 엄마가 떠난 거잖아요."

<부산행>에서 비정한 펀드매니저 공유는 갑작스러운 '좀비 대란'에 처합니다. <7번 방의 선물>의 류승룡과 마찬가지로 '딸 바보'인 그는 인정 많은 딸로 인해 안 하던 일들을 하게 되고, 이에 따라 좀비 대란속에서 끊임없는 고난에 처합니다. 그리고 결국 딸과 타인을 위해 목숨을 버리며 과거 자신만을 생각하며 살았던 인물에서 희생의 아이콘으로 새로 태어납니다.

"유리창 깨면 돈 물어줄까 봐 밧줄에 매달려 있던 애들이 자동차
는 열여섯 대를 부쉈네?"

<극한직업>의 주인공들은 경찰 조직 내에서 문제적 인물만을 모
아놓은 팀입니다. 제각기 그냥 '바보'라고 할 수 있는 이들은 늘 문제를
몰고 다니고, 그 문제들로 인해 후배에게 승진을 빼앗기는 등 조직에서
인정받지 못합니다. 결국 좌천될 위기에 처하는 등 더 이상 물러설 곳
없게 되자 그들은 퇴직금을 털어 치킨집까지 창업하며 상황을 반전할
큰 범죄 사건을 해결코자 합니다. 늘 그랬듯 그들의 예상과 달리 생계
는 물론 생명까지 위태로워지지만, 마약사범을 일망타진, 문제아 딱지
를 벗고 표창까지 받습니다.

"하자나 결점이 있는 주인공이 그 하자나 결점과 맞물린 고난으로
인해 인생의 밑바닥에 이르고, 그 고난을 견뎌 내거나 극복하는 과정
에서 고통과 죄악에서 벗어난다." 천만 관객 영화는 이렇게 예상이 가
능한 뻔한 영화입니다.

보수적인 것이 나쁘다는 말은 결코 아닙니다. 보수적인데도 불구
하고 천만관객 영화를 만들어내는 것을 보면, 결국 이러한 캐릭터 설정
과 플롯이 우리나라 관객에게 통할 가능성이 높다는 의미입니다.

그러나 한편으로는, 결국 영화관에 가면 비슷비슷한 영화들만 보고 오는 것은 아닌지, 그래서 신선함을 찾는 사람들이 한국 상업영화를 기피하고 있는 건 아닌지 돌아봐야 합니다. 매해 한국 상업영화 관객 수는 줄고 있습니다. 반면, 거대 자본이 관심을 가지지 않은 독립 영화들에서는 신선한 시도가 엿보이며 관객 또한 증가하고 있습니다.

# 사랑 노래의 격변

이효리는 '10 Minute'에서 상대방을 유혹하기 위해서 단 10분이 필요하다고 노래하지만, '10 Minute'을 포함한 대부분의 사랑 노래가 실제로 청중을 유혹할 수 있는 시간은 4분 내외입니다. 단 4분이라는 짧은 시간 동안 청중을 집중하게 하려면 사랑 노래는 반드시 격변을 담아야 합니다.

혹시 사랑의 중반부나 후반부를 노래하는 가수를 본 적 있나요? 대부분의 사랑 노래는 사랑의 시작과 끝(이별)을 담고 있고, 그렇지 않으면 성(性)적입니다. 거의 모든 사랑 노래가 사랑의 처음과 끝만을 담고 있는 이유는 오직 사랑의 처음과 끝만이 격변이기 때문입니다.

'사랑에 빠지다'에서 '빠지다'라는 단어는 격변을 내포하고 있습니다. 실제로 사랑의 초반부는 끊임없는 격변을 만들어냅니다.

사랑에 빠진 사람은 이제껏 느껴본 적 없던 감정이 일어남에 따라 당황하게 되고, 그 감정에 집중하게 됩니다. "눈에 콩깍지가 씌었다"는 표현을 하죠. 마치 색안경을 쓴 것처럼, 사랑이 찾아오면 모든 게 사랑하는 이를 투과해서 보입니다. 어떤 거리를 걸으면, "그 사람도 이 거리를 걸었을까", 어떤 음식을 먹으면 "그 사람도 이걸 먹어봤을까", 책을 읽더라도 종이 위에 그 사람과 함께 했던 시공간이 떠오릅니다.

사랑을 시작한 연인들을 떠올려 봅시다. 서로 다른 두 세계가 서로에게 당황하고, 집중하며, 부대끼고, 시나브로 물들어 하나가 되려고 합니다. 흰색과 붉은색 물감이 섞여 분홍빛을 만드는 것처럼, 둘은 합쳐져서 전과는 다른 색을 내게 됩니다. 새로운 색으로 새롭게 태어난 서로는 전과 다른 시각, 전과는 다른 외양을 갖게 됩니다.

그런데 이렇게 사랑이 만든 격변은 유통기한이 짧습니다. 물론 예외는 있겠지만, 뜨거웠던 사랑은 보통 몇 년 안 가 식어버리고 격변 역시 원상 복구됩니다. 그리고 이별에 이르기까지 둘 사이에는 별다른 격변 없이 이어집니다.

사랑의 격변은 이렇게 보통 초반부와 결말부에만 있습니다. 그렇기에 소유와 정기고는 "내꺼인 듯 내꺼 아닌 내꺼 같은 너~"라고 연애 초기 썸 타는 사랑을 노래합니다. 방탄소년단은 "첫눈에 널 알아보게 됐어. 서롤 불러왔던 것처럼. 내 혈관 속 DNA가 말해줘. 내가 찾아 헤맨 너라는 걸"이라고 사랑의 시작을 노래합니다. 그리고 그렇기에 엑소는 "더는 망설이지 마 제발 내 심장을 거두어 가"라고, 윤종신은 "좋으니 사랑해서~"라고 사랑의 마지막인 이별을 노래한 것입니다.

# 특·전·격의
# 마지막 효과

스트레스 파괴, 갈등 시작

특·전·격에는 당혹과 집중만이 아니라 두 가지 부수적인 효과가 있습니다. 앞에서 설명하면 논점이 흐려질까 봐 이제야 풀어놓습니다. 먼저, 스트레스 해소입니다.

재미있는 영화를 보고 나서 스트레스가 풀린다고 느낀 적이 있을 겁니다. 그것이 비단 웃긴 영화가 아니라 슬프거나 감동적인 영화이더라도 마찬가지입니다. 영화 속 특·전·격이 관객의 당혹과 집중만이 아니라 스트레스 해소까지 만들어냈기 때문입니다.

앞서 특·전·격이 현재의식을 걷어버린다고 설명했습니다. "걱정을 해서 걱정이 없어지면 걱정이 없겠네"라는 말처럼 인간은 온갖 것들에 신경 쓰는 현재의식을 기본으로 장착하고 있습니다. 그래서 일상에서 인간의 뇌는 자연스레 온갖 잡념들로 가득 찹니다. 그냥 놔두더라도 메모리가 가득 차서 매번 메모리를 정리해줘야 하는 스마트폰과 같습니다.

그러나 현재의식은 쓸모없는 의식이 아닙니다. 인간이 자신을 지키기 위해 반드시 필요한 의식입니다. 끊임없이 저절로 걱정하고 고민하는 현재의식이 없었다면, 인간은 다가올 혹독한 겨울을 대비할 수 없었을 테고, 밤사이 맹수들의 공격에 대비할 수 없었을 것입니다. 교묘히 뒤통수를 노리는 적들의 계략도 간파하지 못했을 것입니다. 인지할 수 있는 모든 것으로부터 인간을 보호하기 위해서 그야말로 온갖 것들에 신경 쓰고 있는 현재의식 덕분에 우리 인간은 지금까지 종을 보존할 수 있었습니다.

이것이 현재의식의 명과 암입니다. 현재의식은 인간을 생존케 한 원동력이었지만, 동시에 인간의 뇌를 잠시도 쉬지 못하게 하는 주요 원인이기도 합니다.

### '까꿍'

그런데 특·전·격이 일어나면, 뇌는 이러한 현재의식을 잠시 내려놓게 됩니다. 인생 영화를 봤을 때, 혹은 롤러코스터를 탔을 때를 생각해봅시다. 당신은 온전히 그 영화와 롤러코스터에 당혹하고 집중했을 겁니다. 그곳에는 현재의식이 잡념을 만들어낼 여지는 없었습니다. 당신의 뇌를 감싸고 있던 현재의식이 특·전·격으로 인해 마비돼 버렸고, 멍한 잠재의식만이 무방비한 상태로 남겨졌기 때문입니다. 그런데 온갖 잡념을 만들어내는 현재의식이 잠시 마비된 틈을 타서 뇌는 비로소 쉴 수 있습니다. 마치 무거운 가방을 종일 메고 있다가 잠시 내려놓은 것처럼 말이지요. "스트레스가 풀렸다"고 느끼는 것은 그 때문입니다.

좀 더 과학적인 설명도 있습니다. 뇌에는 다른 부분보다 30%나 더 많은 에너지를 소비하는 DMN(Default Mode Network, 디폴트 모드 네트워크)이 있습니다. 이 DMN은 사람이 아무 일을 하지 않을 때도 열심히 활동하는 뇌의 영역입니다. 갑작스러운 상황에 대응하도록 예열하는 것입니다. 그런데 뇌 과학자인 마커스 라이클 워싱턴대 의대 교수의 실험에 따르면 실험대상자가 무언가에 집중을 시작하자 이 부위의 활동이 약해졌습니다. 과열된 뇌가 비로소 쉬는 것입니다.

217

재밌는 사실은, 이것이 명상을 통해 스트레스가 해소되는 원리와도 상통한다는 것입니다. 명상법에는 여러 가지가 있지만, 핵심은 하나입니다. 바로, 잡념을 흘려보내고 한 가지에 집중하는 것.

명상가들은 백이면 백 무언가 한 가지에 집중하라고 말합니다. 보통 눈을 감고 호흡에 집중하라고 하죠. 걷기 명상가들은 오롯이 걷는 느낌에만 집중하라고 합니다. 미술 명상가들은 그림 그리는 행위에만 집중하라고 말합니다. 틱낫한은 책 『먹기 명상』에서 오로지 음식에만 집중하라고 하지요. 결국 명상가들의 요점은, 한 가지에 집중해 온갖

잡념을 만드는 현재의식을 잠시 멈추거나 느리게 하는 것입니다. 그리

고 이로 인한 효과는 바로 스트레스 해소입니다(신경과학자 저드슨 부루어

연구팀의 실험에 따르면 명상가들의 뇌에서는 실제로 DMN의 활동이 눈에 띄게 감소했습니

다.) 특·전·격이 일어나면 우리는 현재의식이 마비되고, 자연히 어떤 대

상에 집중하게 됩니다. 그리고 자연스레 스트레스를 해소하게 됩니다.

# '갈등'의 시작점 특·전·격

학창 시절 국어시간에 우리는 재미를 위해 '갈등'이 필요하다고 배웁니다. 그러나 갈등이 어째서 생기는지는 배우지 않습니다. 갈등이 발생하는 이유도 특·전·격 때문입니다. 특·전·격을 마주한 인간은 '이러지도 저러지도 못하는' 공황상태, 즉 갈등에 빠집니다.

화장실에서 일을 보고 휴지가 없다는 사실을 깨달은 한 인간을 상상해봅시다. 이러한 작은 변화조차 안절부절못하는 갈등을 만들어냅니다. 하물며 제대로 된 특·전·격은 어떻겠습니까.

"이대로 가만히 있을 것인가, 복수를 결행할 것인가, 그것이 문제로다."

어느 날 햄릿 앞에 죽은 아버지의 영혼이 나타나는 일(특이)이 일어
납니다. 그리고 햄릿은 독사에 물려 죽은 것으로 알려졌던 아버지가 알
고 보니 어머니와 결혼한 삼촌에게 살해당했다는 사실을 알게 됩니다
(전의). 아버지를 살해한 삼촌에게 복수해야 할까? 사랑하는 어머니가
행복한 삶을 살 수 있게 가만히 있어야 할까? 이때부터 햄릿의 갈등은
시작됩니다.

정유정의 소설 『종의 기원』에서는 주인공이 집에서 충동적으로
어머니를 살해합니다(격변). 그리고 곧 자신이 과거에도 살인을 저질렀
던 사이코패스였다는 사실을 깨닫게 됩니다(전의). 이어지는 의붓형제
의 방문(격변). 소설은 하루 동안 일어나는 주인공의 갈등으로만 대부
분의 이야기를 채워나갑니다.

갈등은 특·전·격과 뚝 떨어져서 존재하는 무언가가 아닙니다. 안
타까운 것은, 지금까지 우리는 갈등이 필요하다는 것만 배웠을 뿐 갈
등이 왜 발생하는지는 배우지 않았다는 것입니다. 국어 선생님들은
특·전·격부터 가르쳤어야 했습니다. 학생들은 덧셈 뺄셈을 배우지 않
고 곱하기 나누기를 배웠던 셈입니다. 정리하자면, 특·전·격은 당혹과
집중, 스트레스 해소, 그리고 갈등을 만듭니다.

# 민족 대명절 설이 만드는 인생 갈등

우리가 매년 겪는 격변을 하나를 꼽아봅시다. 가령 2000년 동안 이어져 온 민족 대명절 설이 있습니다. 영화 <범죄와의 전쟁>에서 "니 어디 최 씨고?"라는 질문에 하정우와 최민식의 상하관계가 바뀌었듯, 모든 친척이 한자리에 모이는 설에 사람들은 평소와는 많이 다른 상황에 처합니다. 가령 우리 모두는 설에 누군가의 자식으로, 손주로, 며느리로, 사촌으로, 이모로, 고모로, 삼촌으로 변합니다. '결혼은 언제 하느냐' '취직은 언제 하느냐' 등등 잔소리가 시작되면 개인의 문제였던 것은 모두의 문제로 변합니다.

이러한 설의 격변은 연휴가 시작되기도 전에 사람들을 당황하고 갈등하게 합니다. 설을 앞둔 사람들은 갖가지 걱정이 쌓이기 시작합니다. 어떤 선물을 사지? 친척들과 만나면 무슨 말을 해야 하지? 특히 자녀 혹은 자신이 원하는 대학에 가지 못했거나 올해도 취업을 못 했다면, 혹은 집안 사정이 좋지 않다면, 온 친척이 한자리에 모이는 설이 달가울 리 없습니다. 이때 친정에 먼저 가야 하나 시댁에 먼저 가야 하나 등의 문제 역시 함께 부상하며 갈등은 설이 가까워져 올수록 더욱더 심해집니다. 마치 롤러코스터 위에서 급강하를 기다릴 때처럼, 설이라는 격변은 그 격변이 일어나기도 전에 사람들의 혼을 쏙 빼놓습니다.

앞서 특·전·격의 효과 중 하나가 스트레스 해소라고 말한 바 있습니다. 그런데 왜 콘텐츠 속 격변은 보고 나면 스트레스가 풀리는데, 설과 같은 인생의 격변은 그렇지 않을까요? 콘텐츠 속 격변은 비교적 짧고 언제 끝날지가 예정돼있지만, 현실의 격변은 언제 끝날지 확실치 않을 뿐 아니라 우리가 직접 겪기 때문입니다. 몇 날 며칠 이어진 당신의 짝사랑과, 몇 년에 걸쳐 지속되는 법정 분쟁처럼 말이지요. 가령 영화 주인공의 격변은 90분이면 끝나지만, 현실의 격변은 24시간이 훌쩍 넘는 경우가 많습니다.

인생에서 격변이 일어나면

그 격변은 좀처럼 그치지 않고 계속될 가능성이 높고,

우리를 잠 못 이루게 하며 고통스럽게 합니다.

# 3

# 재미의
# 완성

# '무조건 통하는'
## 콘텐츠
## 제작법

# 기획의도에서
# 특·전·격을 찾아라

2019년 서울국제도서전에서 이욱정 PD를 인터뷰한 적 있습니다. 인터뷰 장소는 링 위였는데, 링 앞에 이 PD의 글이 있었습니다. 뜻밖의 의미 변화들(전의)이 담긴 글이었습니다. 오늘날 음식이 '육체의 연료'에서 '마음을 위한 기호'로 변했고, 요리는 '땀내 나는 노동'에서 '신나는 놀이'로 변했음을 나타낸 글이었습니다. 그의 글에서 단맛은 '에로스적 감성', '한번 빠져나오면 벗어나긴 힘든 유혹'으로, 짠맛은 '순결함'과 '변함없는 신의'로, '지독한 영리주의'로 바뀌었습니다.

PD들은 이렇게 무엇하나에도 특·전·격을 담으려 노력합니다. PD의 일 자체가 특·전·격을 만들어내는 것이기 때문입니다. 가령 드라마든 예능이든 어떤 TV 프로그램에나 '기획의도'라는 게 있습니다. 기획

의도란 프로그램이 최종적으로 어떤 목적지를 향해 갈 것인가를 적어
놓은 '큰 그림'입니다. 플롯이 매회의 구체적인 미션, 혹은 전략이라면,
기획의도는 모든 회를 아우르는 비전이라고 할 수 있습니다. 그런데 이
기획의도에는 반드시 특·전·격이 들어가야 합니다. 프로그램이 향해
야 하는 목적지가 바로 특·전·격이기 때문입니다.

예를 들어 JTBC 예능 <냉장고를 부탁해>의 기획의도는 "제한시
간은 단 15분! 냉장고 속 식재료만으로 만들어내는 단 한 사람을 위한
맞춤 요리!"입니다. 이 프로그램에서는 검정 비닐봉지에 쌓여 뭔지 알
수 없는 냉장고 속 말라비틀어진 식재료가 훌륭한 맞춤 요리로 바뀌
는 격변이 일어납니다. tvN 예능 <렛미인>의 기획의도에는 "콤플렉스
를 당당한 자신감으로! 지원자들의 치유와 성장을 통해 보여 준 인생
변화!"라고 적혀있습니다. 외모 콤플렉스를 성형수술을 통해 크게 변
화시켜주는 프로그램이었지요.

드라마 <사랑은 뷰티풀 인생은 원더풀>의 기획의도는 이렇습니
다. "가족드라마를 가족 밖에서 해보려고 한다. 가족을 향해 가는 드
라마가 아니라, 가족 안에서 걸어 나오는 가족드라마, 가족의 행복이
아니라 엄마도 딸도 아빠도 아들도 자신의 행복을 찾아가는 가족드라

마, 완성이 아니라 시작을 향해 나아가는 드라마, '너를 사랑해'가 아니라 '나를 사랑해'가 해피엔딩이 되는 드라마, 잘 사랑하는 얘기도 하지만 잘 헤어지는 얘기도 하는 드라마, 내 가족의 아픔도 얘기하지만 세상의 아픔도 담는 드라마, 요즘 드라마, 요즘 사람들이 나오는 드라마, 소확행 드라마!" 이 기획의도에는 드라마가 일반적인 가족 드라마들과 결을 달리할 것이라는, 모든 면에서 장르적 파괴(특이)를 이뤄낼 것이라는 일종의 선언이 담겨있습니다.

기획의도는 무엇이 특·전·격인지 감을 잡을 수 있는 가장 훌륭한 교과서입니다. 실제로 PD를 준비하는 언론고시생들은 열심히 기획의도를 공부하고 시험장에서도 기획의도를 작성합니다. 콘텐츠 제작자가 어떤 특·전·격을 염두에 두고 프로그램을 만드는지 기획의도를 통해 공부해보길 권합니다. 더 많은 기획의도를 분석할수록 특·전·격에 대한 더 날카로운 감을 갖게 될 것입니다.

한편, 과거 입사시험 때 <냉장고를 부탁해>와 비슷한 프로그램의 기획안을 쓴 나영석 PD는 '냉장고 속 식재료가 훌륭한 요리로 바뀌는 격변'보다는, '사적인 공간인 냉장고를 공개하는 흔치 않은 상황에서 일어나는 당혹감'을 염두에 뒀습니다.

"고향 청주의 우리 엄마 냉장고 냉동실에는 종종 설에 넣어

둔 고기가 크리스마스 때에 발견되는 충격적인 사태가 일어나

곤 했는데, 거기서 떠올린 아이디어였다." (나영석 PD 자서전 『어차피

레이스는 길다』 中)

냉장고라는 그다지 공개하고 싶지 않은 사적인 공간이 수많은 시

청자에게 공개됩니다. "이거 여자가 먹는 거 아닌가요?" "이건 유통기

한이 2년이나 지났네요." MC들은 거리낌 없이 질문하고 연예인은 둘

러대기 바쁩니다. 이러한 충격적인 '냉장고 공개 사건'은 스타의 현재의

식을 마비시킵니다. 현재의식이라는 가드가 내려갔기에 평소와는 다

른 솔직한 말과 평소와 다른 모습이 나올 수 있습니다. 다른 프로그램

에서는 없는 '단독' 토크가 만들어질 수 있습니다.

# 실패하지 않는
# 콘텐츠 기획법 : 더하기

콘텐츠 기획이 어렵다면, 여기 아주 쉬운 기획법이 있습니다. 바로
'더하기'입니다. 그저 기존의 것에 요소 하나를 덧붙이면 됩니다.

근 몇 년간 유행했던 여행 프로그램을 예로 들어봅시다. 여행 자체
에 순수하게 집중하는 여행지 탐방 프로그램은 <걸어서 세계 속으로>
<세계 테마 기행> <한국 기행>이 있습니다.

여행에 셀럽을 붙여봅시다. 연예인이 여행하는 프로그램은 이제
는 너무나 흔하지요. 그렇다면 이번에는 여행에 셀럽, 그리고 고급스러
움을 더해봅시다. 윤여정, 김자옥, 김희애, 이미연 등 우아한 배우들이
여행하는 <꽃보다 누나>, 이순재, 신구, 박근형, 김용건, 백일섭 등 美노

년들이 여행하는 <꽃보다 할배> 등 '꽃보다' 시리즈가 있습니다.

여기에 지식 대결을 더하면 <알쓸신잡>(알아두면 쓸데없는 신비한 잡학
사전)이 됩니다. 지식 대결이라고 표현한 이유는 사실상 이 프로그램은
보이지 않는 싸움구경이기 때문입니다. 유시민, 김영하, 황교익, 정재승,
김진애 등 자존심 강한 지식인을 모아놓고 카메라를 들이대면 각자 서
로의 지식을 뽐냅니다. 이들의 대결 아닌 대결은 묘한 긴장감을 일으킵
니다. 한국인 특유의 교양 결핍에 싸움구경이 더해진 프로그램입니다.

여행+셀럽에 MT를 더해봅시다. <1박 2일>이 탄생합니다. 멤버들
은 여행지에 모여서 게임을 하고, 밥을 먹고, 잠을 자고 돌아옵니다. 딱
대학생들이 하는 MT이지요. 이 외에도 여행+셀럽에 패키지여행을 붙
이면 <뭉쳐야 뜬다>가 나옵니다. 그저 여행에 무언가를 붙여댔을 뿐인
데 새로운 콘텐츠가 탄생하는 것입니다.

이번에는 요리 프로그램을 예로 들어봅시다. 단순 요리 프로그램
에 야생과 정글을 더하면 각각 <나는 자연인이다>와 <정글의 법칙>이
탄생합니다. 이 프로그램들의 하이라이트는 꼭 함께 무언가를 해 먹는
데 있습니다.

요리에 시골을 더하고 여기에 고급스러운 셀럽을 붙이면 <삼시세끼>가 나옵니다. 정우성이 시골 아궁이에 불을 붙이고 전을 지져 먹는 장면이 펼쳐집니다. 요리에 셀럽과 '저가'를 붙이면 <편의점을 털어라>가, 요리에 전문가의 비법을 더하면 <집밥 백선생>과 <최고의 요리비결>이, 요리에 문명사를 붙이면 <요리인류>가, 요리에 전문가 품평회를 더하면 <수요미식회>가 됩니다. 요리에 여행을, 그리고 최불암의 휴머니즘을 붙이면 <한국인의 밥상>이 나옵니다. 요리에 셰프 배틀을 더하면 <한식대첩>과 <백종원의 3대 천왕>이, 여기에 냉장고를 들여놓고 토크쇼를 더하면 <냉장고를 부탁해>가 나옵니다.

기획이 막막하다면 지금 TV나 유튜브를 무작정 틀어서 나오는 콘텐츠에 어떤 요소 하나를 덧붙여보는 것은 어떨까요. 어떤 소설가들은 이야기를 만들 때 누가 언제 무엇을 어떻게 등등의 요소를 다양하게 적어놓고 주사위를 던진다고 하는데, 이와 비슷한 방법입니다.

한편, 방송국 PD들이 이런 식으로 성공이 검증된 포맷 위에 무언가 하나를 덧붙이는 기획을 선호하는 이유는 프로그램이 실패할 확률이 줄어들기 때문입니다. PD는 단순히 기가 막히게 창의적인 프로그램을 만드는 직업이 아니라 남의 돈을 끌어와 프로그램을 만들고,

그 프로그램으로 수익을 내야 하는 직업입니다. 남의 돈이 많이 걸려있

을수록 자유도가 줄어드는 것은 어느 일이나 마찬가지입니다.

# 기네스북에 오른 소설가
# 스티븐 킹의 영업비밀

원작 소설이 가장 많이 영화화된 작가로 기네스북에 오른 스티븐 킹. 대학 시절 내내 저는 그의 소설들과 같은 콘텐츠를 만들고 싶었습니다. 그가 재미를 만들어내는 비결이 궁금했습니다. 그래서 독서실에 앉아 그의 작품들을 분석했습니다. 그의 소설들을 문단별로, 문장별로 쪼갰고, 특정한 의미를 가지는 문단이나 문장의 수를 기록해 그래프를 만들기도 했습니다. 저는 이 장에서 그가 교통사고를 당한 후 기적적으로 살아나서 쓴 작법서 『유혹하는 글쓰기』에 담긴 콘텐츠 제작 비법을 소개하고 싶습니다.

그는 플롯을 미리 짜지 않는다고 말합니다. 그저 곤경에 해당하는 독특한 '사건'을 하나 만들고, 등장인물을 계속해서 이어지는 곤경(격

변)에 빠뜨립니다. 다음은 그가 소설을 만들어내기 위해 짜낸 사건들
입니다.

만약 흡혈귀들이 작은 마을을 습격한다면? (『세일럼스 롯』)

만약 변두리 마을에서 어떤 경찰관이 이성을 잃고 만나는 사람마
다 죽여버리기 시작한다면? (『데스퍼레이션』)

만약 예전에 남편을 죽였다는 의심을 받았지만 무사히 풀려났던
청소부가 억울하게 집주인을 죽였다는 의심을 받게 된다면?(『돌로레스
클레이본』)

만약 젊은 엄마와 그 아들이 미친개에게 쫓겨 고장 난 자동차 안
에 갇힌다면? (『쿠조』)

이렇게 곤경으로 시작한 소설은 이후 백이면 백 끊임없는 곤경으
로 이어집니다. 가령 스티븐 킹에게 첫 성공을 안겨준 소설 『캐리』에서
주인공 캐리는 늘 새로운 방식으로 지독한 곤경에 처합니다. 학교 아이
들은 캐리를 흉측한 괴물로 취급하며 따돌립니다. 집에서조차 안전하
지 않습니다. 사이비 종교에 빠진 엄마는 캐리의 인생을 더욱 시궁창으
로 몰아넣습니다. 졸업 파티에서는 돼지 피를 뒤집어쓰고, 좋아하는
파트너가 죽는 등 캐리의 곤경은 극단으로 치닫습니다. 끝이 아닙니다.

졸업 파티에서 돌아온 캐리의 등에 엄마가 칼을 꽂습니다.

『톰 고든을 사랑하는 소녀』는 주인공을 얼마나 더 곤경에 빠뜨릴 수 있을까 그 한계를 실험이라도 하는 것 같습니다. 킹은 10세 소녀 트리샤를 위험한 숲속에서 길을 잃게 함으로써 지독한 곤경의 서막을 알립니다. 그는 결코 트리샤를 구해주거나 안전한 곳으로 피신시키지 않습니다. 그저 계속되는 곤경을 던져주고 어떻게 반응하는지 지켜볼 뿐입니다. 벌로부터, 미끄러운 바위와 나무뿌리, 늪으로부터, 괴상한 소리로부터, 배고픔과 추위로부터, 식중독으로부터, 환상으로부터… 갖가지 고난들로부터 헤어 나올 수 없게 만듭니다. 무려 31쪽에서 261쪽까지 이어지는 숲에서의 고난은 트리샤가 커다란 곰을 30cm 정도 거리에서 마주하는 것으로 끝이 납니다.

등장인물을 끊임없는 곤경에 빠뜨리고, 그들이 고군분투하는 모습을 지켜보는 것. 그저 끊임없는 격변을 만들어내고 지켜보는 것입니다. 원래 고수일수록 단순하다고 합니다. 초등학생 때부터 소설을 쓰기 시작했다는 킹은 출판사에 소설을 보낼 때마다 퇴짜를 맞았고, 거절의 이유들이 적힌 종이 뭉치를 모아왔습니다. 아이가 열이 나는데 병원비가 없어서 소설가의 길을 포기하려 하기도 했습니다. 그의 소설

속 주인공들처럼 계속되는 숱한 역경을 극복하고 세계 최고의 소설가
가 된 스티븐 킹의 영업비밀은 단순했습니다. "주인공을 끊임없이 곤경
에 빠뜨려라."

당신이 어떤 콘텐츠를 만들고 있다면, 이것저것 고민하지 말고 주
인공을 계속 곤경에 빠뜨려보는 건 어떨까요. 예컨대 변기에 앉아 일
을 보고 나서 휴지가 없는 상황을 영상으로 만들어 보십시오. 그 작은
곤경만으로도 시청자들은 미약하게라도 당황하고 집중하게 될 것입
니다. 그 곤경이 바로 격변이기 때문입니다. 신원호 PD가 연출을 맡은
드라마 <슬기로운 감빵생활>에는 이런 대사가 나옵니다. "참 나. 하나
님이 저 위에서 큐 사인을 주시나? 시련 하나 끝나면 기다렸다가 바로
다음 시련 던져 주고. 인간 하나를 가만두지를 않네. 가만두지를 않아."

# 고품격(?) 막말,
# 김구라가 만드는 곤경

김구라는 우리나라에서 가장 독보적인 MC입니다. 유재석, 강호동
과 비슷한 코미디를 하는 연예인은 있어도 아직까지 그와 비슷한 재미
를 만드는 연예인은 없습니다.

&lt;썰전&gt; &lt;돈벌레&gt; &lt;김구라의 공인중재사&gt; 등 시사교양 프로그램
의 MC를 맡았으며 메이저 언론사에 칼럼을 쓸 정도인 그의 박식함은
보통 코미디언들과는 다른 관점의 코미디(특이)를 만들어냅니다. 가령
&lt;놀면 뭐하니?&gt;에서 유재석이 끓이는 라면을 먹으러 들어서며 김구
라가 가장 먼저 한 말은 "공간이 재밌네, 공간이 창의적이네"였습니다.
어떤 공간에 들어서면서 이런 말로 웃길 수 있는 코미디언이 몇이나 될
까요? 박명수는 &lt;라디오스타&gt;에서 이렇게 말합니다. "김구라 씨의 개

그는요. 생각하게 하는 개그예요. 제가 하는 개그는 생각 없이 보는 개
그예요. 좀 달라요." 이에 김구라가 "동전의 양면이 있는 거니까요"라고
답하자 박명수는 말합니다. "전 저런 말을 못 해요. '동전의 양면' 같은
말."

정치인이나 방송국 고위 관계자와도 연이 닿아 있는 정보력 역시
김구라가 가진 차별점입니다. 가령 김구라가 2019 SBS 연예대상 시상
식에서 대상 수상자보다 화제가 된 이유는 방송국 사정을 꿰뚫는 소
신 발언 때문이었습니다. "KBS도 연예대상 시청률이 안 나왔어요. 시
상식들 통합해서 지상파 3사 본부장들 만나서 돌아가면서 해야 해
요."

그는 소위 '막말'을 하는 부류의 코미디언인데, 그의 막말은 여타
코미디언들의 막말과는 확연히 다릅니다. 소위 버럭형 코미디언들의
막말은 일차원적입니다. 널리 알려진 사실이나 타인의 외양, 행위에서
얻은 정보를 바탕으로 하는 말이기에 한번 웃고 끝납니다. 그러나 김
구라의 막말은 차별화된 상식과 남다른 정보력을 바탕으로 하기에 허
를 찌르고, 게스트를 당황하고 갈등하게 합니다. 결과적으로 게스트
의 입에서 풍부한 이야깃거리를 끌어냅니다.

김구라의 대표작은 단연 <라디오스타>입니다. 과거 레알 마드리드가 호날두를 위한 팀이었듯이 <라디오스타> 역시 김구라를 빼놓고는 존재할 수 없습니다. <라디오스타>는 토크쇼라는 탈을 쓰고 있지만 사실 게스트를 끊임없이 곤경(격변)에 처하게 하는 프로그램입니다. 그 기획의도는 "어디로 튈지 모르는 촌철살인의 입담으로 게스트들을 무장해제 시켜 진짜 이야기를 끄집어내는 독보적 토크쇼"입니다. 김구라를 필두로 한 MC들은 게스트를 소개하는 초장부터 풍자하고 깎아내립니다. 그리고 마치 청문회를 하듯 게스트를 향한 곤혹스러운 질문을 늘어놓습니다. 마지막에는 게스트에게 노래까지 시키지요. 스티븐 킹 소설의 주인공처럼 게스트는 프로그램 내내 계속되는 격변에 처하는 셈입니다.

곤경을 만드는 핵심축이기에 2007년부터 지금까지 대부분의 MC가 교체됐음에도 김구라만은 <라디오스타>를 지키는 것입니다. 김구라가 아니면 할 수 없는 막말로 인해 게스트들은 곤경에 처합니다. 현재의식이 날아가고, 당황하며, 갈등으로 인해 식은땀을 흘립니다. 이에 '다른 프로그램에서는 좀처럼 볼 수 없는 스타의 모습'이 연출됩니다. 하지 않으려던 말이 튀어나오기도 하고 좀처럼 하지 않던 행동도 하게 됩니다. 별처럼 빛나는 연예인들이 땅으로 떨어지는 것입니다. 별똥별

241

입니다. 이러한 스타들의 추락이 그리 나쁘지 않은 이유는 김구라를 둘러싼 다른 MC들이 그 추락을 포장하기 때문입니다. 떨어지는 별은 '특이'합니다.

"어머, 어머" 시청자 역시 스타의 고꾸라짐이 당황스러워 어찌할 바를 모르게 됩니다. 결과적으로 TV 안의 게스트들도, TV 밖의 시청자들도 당황하고 집중하며 갈등하는 것입니다. 김구라의 막말이 가진 특이점이 스타를 곤경에 처하게 하고, 시청자는 그 곤경에 채널을 돌리지 않습니다. 그것이 <라디오스타>가 장수한 이유입니다. 한편, 김구라의 '막말'은 2020년 많은 비난의 대상이 됐고, 이에 따라 그 강도가 전보다 훨씬 약해졌습니다. 그가 만드는 격변이 약해지면 시청률은 떨어질 수밖에 없습니다.

# 시간으로 만드는 쉬운 재미

마이클 패스벤더 주연의 영화 <스티브 잡스>의 첫 30분은 스티브 잡스가 발표회장에 도착해 신제품 컴퓨터를 발표하기까지 준비과정 30분을 보여줍니다. 그런데 지루할 것 같은 이 30분은 웬만한 액션영화의 도입부보다 관객의 심장을 뛰게 합니다. 시간제한이 있기 때문입니다.

발표 30분 전 에러가 발생해 컴퓨터가 '헬로'라는 단어를 말하지 못합니다. 헬로를 포기하고 진행하라는 직원들의 충고를 받아들이지 않는 독불장군 잡스는 반드시 헬로를 말하게 하라며 직원들을 심하게 다그칩니다. 금방이라도 폭발할 것 같은 이 독특한 인물의 고집으로 인해 시간제한이 생기고, 다른 인물들은 어찌할지 몰라 당황하고 갈등합니다. 관객들 역시 초조해집니다.

시간제한은 격변을 만들 수 있는, 따라서 당혹감과 집중, 갈등을 파생할 수 있는 가장 쉽고 효과적인 장치입니다. 예컨대 영화 <미션 임파서블>에서 폭탄이 터지기까지 정확히 1시간이 남았다고 가정해봅시다. 59분, 50분, 30분, 20분, 10분, 1분, 10초··· 시간이 흐를수록 톰 크루즈가 처한 상황은 급변합니다. 비유하자면 낭떠러지에 매달린 손가락이 점점 미끄러지는 셈입니다. 카메라가 남은 시간을 비출 때마다 이러한 격변이 일어납니다.

당장 바로 앞에 1시간 후면 터지는 폭탄이 있다고 상상해봅시다. 이 폭탄은 반경 1km를 불바다로 만들어버릴 텐데 손발이 묶여 아무것도 할 수 없다고 가정해봅시다. 59분과 58분의 차이는 분명 엄청납니다. '이제 죽음까지 57분 남았어.' 58분이 남았을 때와 57분이 남았을 때는 호흡조차 다릅니다. 57분과 56분의 차이는 더 크고, 마침내 1분이 남았을 때는 1초, 1초가 더욱 큰 격변을 만듭니다.

시간제한은 폭탄이 터지기 전에만 존재하는 것은 아닙니다. 많은 콘텐츠에는 시간제한과 유사한 장치가 그 모습을 달리해 담겨있습니다. 예컨대 시한부의 삶을 다루는 콘텐츠들을 생각해보십시오. 의사가 "당신에게 남은 시간은 길어봐야 한 달이다"라고 말하는 순간부터 시간의 흐름은 격변을 만들어냅니다. 시계 초침의 움직임은 곧 죽음에 더 가까워짐을 의미합니다. 죽음이 곧 몇 시간 후면 터지는 폭탄 역할을 하는 것이지요. 시간의 흐름을 인지할 때마다 등장인물이 처한 상황은 급변하고, 동시에 당혹감과 갈등도 커집니다. 예컨대 드라마 <동백꽃 필 무렵>에서는 두 개의 시간제한이 등장합니다. 까멜리아의 종업원 향미가 죽기까지 남은 시간이 마치 시한폭탄의 남은 시간처럼 붉게 표시됩니다. 주인공 동백의 엄마 정숙의 시한부 판정 역시 일종의 시간제한이었습니다.

시간제한은 반드시 '시간'이라는 형태로 나타나지도 않습니다. 주인공이 경쟁자보다 어떤 행동을 먼저 하는 것이 중요해질 때, 경쟁자와의 격차는 시간제한인 셈입니다. 경쟁자가 주인공보다 무언가를 먼저 해낼 것만 같은 모습이 비춰지는 것은 폭탄의 시간이 줄어드는 것과 마찬가지입니다. 경쟁자가 목표물에 가까워질수록 주인공과 시청자의 갈등도 커집니다. 예를 들어서 자동차 경주에서 주인공과 대립하는 인물의 자동차가 주인공의 차와 격차를 벌리면 폭탄의 시간이 줄어드는 것과 마찬가지입니다.

시간제한은 특히 예능프로그램에서 가장 흔하게 사용하는 장치입니다. 몇 초 안에 음식을 다 먹어야 한다. 몇 분 안에 목적지에 도달해야 한다. 혹은 B가 기록한 시간보다 먼저 도달해야 한다. 그렇지 않으면 벌칙이 기다리고 있다. 여느 예능에서나 볼 수 있는 장치이지요. 남은 시간이 줄어들수록 상황이 급변하기에 예능인과 시청자 모두 당황하고 갈등합니다. 이러한 시간제한 덕을 가장 크게 본 예능 중 하나로 낚시예능 <도시어부>가 있습니다. 낚시는 굉장히 지루한 스포츠이지만 이 예능은 전혀 지루하지 않습니다. 시간제한을 적극 사용하기 때문입니다. 매회 멤버들은 제한된 시간까지 특정한 어종 몇 마리를 잡아내야 합니다. 잡아내지 못하면 황금뱃지를 빼앗기니 종료 시간이 다가올수록 갈등이 커집니다. 도시어부 멤버들과 '반도시어부' 멤버들이 다음 회 출연권을 걸고 경쟁한 <도시어부2> 39, 40회는 압권이었습니다. 제한시간이 다가올수록, 반도시어부 멤버가 격차를 벌릴수록 도시어부 멤버들과 시청자의 당혹감과 집중, 갈등은 더욱 커졌습니다. 시간제한으로 인해 계속해서 격변이 일어났기 때문입니다.

시간제한의 효과를 상상하기가 어렵다면 시간제한을 콘텐츠의 중심에 가져다 놓은 영화 <카운트다운>(2019) 시청을 권합니다. 이 영화는 남은 생존시간을 알려주는 앱을 무심코 다운받고 나서 발생하는

사건들을 그립니다. 2018년 개봉한 <미션 임파서블: 폴아웃>의 클라이

맥스는 꼭 보셨으면 좋겠습니다.

# 관찰 예능의 인기 비결
# '참견'과 '해설'

리액션(reaction), 말 그대로 어떤 액션에 대한 반응인데요. 리액션은 예능에서 가장 많이 사용되는 전의(轉意) 유도 장치입니다. 특히 관찰 예능에서는 참견-해설 리액션을 통해 한 시퀀스에서 두 번 이상 의미 변화를 만들어냅니다.

인기 예능 <나 혼자 산다>와 <전지적 참견 시점>을 떠올려봅시다. 먼저 이 프로그램들의 출연진 구성을 보면, <나 혼자 산다>의 경우 연예인을 지켜보는 MC들과, 지켜봄을 당하는 '나 혼자 사는' 연예인이 한 명 등장합니다. <전지적 참견 시점>의 경우 이 구성에 연예인의 매니저가 추가됩니다.

<나 혼자 산다>에서 걸그룹 마마무의 멤버 화사가 홀로 곱창을 먹는 시퀀스를 예로 들어보겠습니다. 화사가 곱창을 먹는 장면이 나오고 곧 화사를 지켜보는 MC들이 비춰집니다. MC들이 한 마디씩 참견합니다. "참 소탈하시네" "혼자 먹으면 안 외로워요?" 등등. 시청자에게 그저 '화사가 곱창을 먹는다'라는 의미를 던져줬던 장면은 참견에 의해 여러 가지 새로운 의미를 갖게 됩니다.

이후 화사가 홀로 단색 배경 앞에 앉아 자기 행동의 의미에 대해 해설하는 리액션이 시작됩니다. 이때 화사는 어째서 혼자 곱창을 먹었는지, 혼자 먹으면 외롭지 않은지 등등을 설명합니다. 참견에 이어 2차적인 의미 변화가 일어납니다.

<전지적 참견 시점>은 리액션이 한 번 더 일어납니다. 매니저가 해설의 주체로 참여하기 때문입니다. 연예인의 행동에 대한 MC들의 참견이 1차 리액션, 연예인의 해설이 2차 리액션, 마지막으로 매니저가 제작진의 질문에 답하는 인터뷰가 3차 리액션이 됩니다. 늘 연예인과 가장 가까운 거리에서 붙어 다니는 매니저는 연예인의 행동을 색다른 각도에서 해설할 수 있는 존재입니다.

예를 들어 VCR 화면 속의 이영자가 뭔가를 먹는 모습에 MC들은 "왜 혼자 먹느냐"라고 참견하고, 이영자는 "그 시간이 온전히 혼자 먹을 수 있는 시간"이라는 식으로 대답합니다. 마지막으로 매니저가 빨간색 배경 앞에 앉아서 "제가 같이 먹는 게 부담스러울까 봐 자주 혼자 드시는데요. 너무 아름답고 멋있었습니다"라는 식으로 리액션합니다. 이와 비슷한 전의를 일으키는 프로그램으로는 혼자 사는 자녀의 모습을 지켜보는 엄마의 리액션을 보여주는 <미운 우리 새끼>가 있습니다.

한편, 참견-해설 리액션의 시초는 <우리 결혼했어요>와 <슈퍼맨이 돌아왔다>라고 할 수 있을 듯합니다. <우리 결혼했어요>는 <나 혼자 산다>와 매우 비슷하게 진행됩니다. 단지 관찰당하는 사람이 1인가구가 아닌 '가상 부부'일 뿐입니다. <슈퍼맨이 돌아왔다> 역시 참견과 해설이 있습니다. 아버지가 자녀와 놀아주는 장면 위로 계속해서 참견하는 목소리가 깔립니다. 이후 아버지가 홀로 카메라 앞에서 제작진의 질문에 답합니다. 참견-해설 리액션은 언제부터인가 거의 모든 예능에서 차용하고 있습니다. PD들도 참견과 해설로 인한 의미 변화가 만들어내는 당혹과 집중을 인지하고 있다는 방증입니다.

# 인기 미드 〈모던 패밀리〉와
# 〈하우스 오브 카드〉의 '리액션'

여기 리액션을 활용해 성공한 두 드라마가 있습니다. 먼저, 시즌 11까지 제작돼 11년에 걸쳐 방영됐으며, 수많은 상을 휩쓴 미국 드라마 〈모던 패밀리〉입니다. 〈모던 패밀리〉는 드라마에 예능 〈우리 결혼했어요〉 식의 리액션을 넣었습니다.

〈우리 결혼했어요〉는 가상 부부의 일상을 보여주고, 이후 부부를 카메라 앞에 세워서 인터뷰를 진행합니다. 이때 인터뷰는 직전 장면에 대한 신선한 해설(전의)입니다. 〈모던 패밀리〉 역시 부유한 현대 미국 가정에서 일어나는 우스꽝스러운 사건들을 보여주고, 그 사건 뒤에 가족의 인터뷰를 배치합니다. 사건-인터뷰-사건-인터뷰의 반복이지요. 이때 인터뷰는 직전 사건에 대한 의미 변화를 일으키며, 이 드라마를 마치 모큐멘터리처럼 보이게 합니다. 인터뷰를 통해 전의와 특이를 만드는 것입니다.

드라마 <하우스 오브 카드> 역시 극 중 독특한 방식의 리액션을 통해 당혹감과 집중을 유도했습니다. <하우스 오브 카드>가 전의를 일으키기 위해 사용한 장치는 방백이었습니다. 방백이란 무대 위 다른 출연자는 보거나 들을 수 없고 관객만 인지할 수 있는 리액션입니다. 이 드라마에서 주인공 케빈 스페이시가 방백을 할 때면 스페이시를 제외한 등장인물들은 전부 일시정지됩니다. 이때 스페이시는 자신 혹은 타인이 했던, 혹은 앞으로 할 행위에 대한 이유를 설명합니다. 이 방백은 특정 장면에 대한 뜻밖의 해석(전의)일 뿐만 아니라 보통 드라마에서는 잘 사용하지 않는 특이한 형식이었기에 시청자의 당혹감과 집중을 유발했습니다.

한편, 방백은 어려운 정치 드라마를 효과적으로 풀어내는 영리한 장치이기도 했습니다. 일반인에게 정치는 생소하고, 정치 용어는 어렵습니다. 특히 극 중 정치인들의 말과 행동은 쉽고 명확하게 설명해주지 않으면 잘 이해할 수 없습니다. 정치판의 '일타강사'랄까요. 스페이시의 방백은 정치인들의 모호한 행위와 정치판의 미묘한 전후 사정을 명쾌히 해설했습니다. 당연한 이야기이지만, 콘텐츠는 이해하기 쉬울수록 더 많은 시청자를 확보할 수 있습니다.

방백은 또한 자칫 지루할 수 있는 정치 드라마를 빠르고 긴박감 있게 전개하는 액셀러레이터 역할을 했습니다. 우리나라에서 정치를 다뤘던 드라마들을 보면 복잡한 정치적 현상들을 설명하기 위해 끊임없이 다른 신들을 추가하는 것을 볼 수 있습니다. 예를 들어 JTBC 드라마 <보좌관>에서는 여당 수장인 김갑수의 급변한 태도를 설명하기 위해 다음 신에서 김갑수와 야당 의원들의 전날 비밀 회동 장면을 넣습니다. <하우스 오브 카드>였다면 이 두 신을 스페이시의 방백으로 합쳤을 것입니다. 그리고 남는 시간을 더 풍부한 이야기를 만드는 데 사용했을 것입니다.

# 멈출 수 없는 즐거움
# 영상 '4초의 법칙'

4초의 법칙은 적어도 4초가 흐르기 전에 다른 컷을 보여줘야 한다는 암묵적인 룰입니다. 예외는 있지만 한 개의 컷(한 번의 연속 촬영으로 찍은 장면)이 유지되는 시간은 보통 4초 이내입니다. 의도하든 의도하지 않았든 콘텐츠 제작자들은 이 법칙을 강박적으로 지킵니다. 일반적으로 하나의 컷에 시청자의 집중력이 유지되는 시간이 4초를 넘지 않기 때문입니다. 지금 바로 아무 영상이나 틀어보기 바랍니다. 뉴스나 광고도 괜찮습니다. 일반인들이 만드는 유튜브 영상을 제외하면, 4초 안에 화면이 뚝(Cut) 끊기고 다른 장면이 보일 것입니다.

"한 컷을 길게 유지하는 '롱 테이크'도 관객을 집중하게 하지 않느냐?"라는 반론이 있을 수 있겠습니다. 가령 봉준호 감독의 영화 <살인

의 추억> 초반부는 롱 테이크로 유명하고 알레한드로 곤잘레스 이냐리투 감독의 <버드맨>과 샘 멘데스 감독의 <1917>은 영화 전체가 롱 테이크로 촬영한 것처럼 이어져 있습니다. 세 영화 모두 기막힌 롱 테이크로 극찬받았습니다. 이 롱 테이크는 관객에게 당혹과 집중을 일으켰지요.

그러나 이 영화들의 롱 테이크를 자세히 뜯어보면 컷을 구분하지 않았을 뿐 하나의 긴 컷 안에 아주 다양한 사건들을 배치했다는 사실을 알 수 있습니다. 그리고 이 사건들은 대부분 4초 이내로 일어납니다. 또한, 뚝뚝 끊기는 화면은 없지만, 카메라는 대개 4초꼴로 그 위치를 바꿉니다. 결과적으로 4초의 법칙을 위해 컷을 여러 번 나눈 것이나 다름 없습니다.

롱 테이크 촬영이 화제가 되는 이유는 그만큼 롱 테이크 촬영을 제대로 해내는 감독이 드물기 때문입니다. 컷을 나누지 않고 컷이 여러 번 바뀌는 듯한 효과를 만드는 일은 굉장히 까다로운 작업입니다. 카메라 감독과 배우들이 혼연일체가 돼서 다채로운 연출을 해야 하며, 단 한 번의 실수 없이 촬영을 끝내야 하기 때문입니다. 이때 특히 비싸고 무겁고 고장 나기 쉬운 카메라를 실수 없이 움직이며 포커스를 맞추는 일은 굉장히 까다롭습니다.

한편, 홍상수 감독의 영화가 호불호가 갈리는 이유는 이러한 시각적인 변화가 거의 없기 때문입니다. 카메라를 한 곳에 고정해놓고 장시간 움직이지 않는 홍 감독의 영화는 마치 연극을 보는 것 같습니다. 시각적 변화에 기대지 않고 당혹감과 집중을 끌어내려는 뚝심이 반영된 것입니다. 대신, 홍 감독의 영화는 그 내용 면에서 4초꼴로 철학적인 전의(轉意)를 일으킵니다. 그래서 영화에 담긴 의미에 집중하는 관객에게는 호평을 받습니다.

앞으로 어떤 콘텐츠든 4초의 법칙을 염두에 두고 시청해 보길 권합니다. 만약 유튜브 콘텐츠를 제작하거나 인터넷 방송을 할 예정이라면, 4초의 법칙을 활용해 보길 권합니다. 특·전·격까지는 아니어도 4초마다 어떻게든 변화를 줘야 시청자는 다른 콘텐츠로 눈을 돌리지 않습니다.

재미의
황금비를 찾아라

# 재미의 1 : 1.618

특·전·격을 만들어냈다면 재미로 가는 데 3분의 2는 성공했다고
봐도 됩니다. 시청자의 당혹감과 집중을 만든 것이니까요. 그러나 크리
에이터라면 여기서 더 나아가야 합니다. '내가 만든 특·전·격이 어떤 감
정을 일으킬 것인가'를 생각해야 합니다.

엄마가 '까꿍' 뒤에 아이의 웃음을 만들어냈듯, 우리는 시청자로
부터 우리가 원하는 감정을 끌어낼 수 있습니다. 특·전·격의 '황금비'를
찾는 과정을 통해서입니다.

황금비란 다수의 사람들이 '보기 좋다'고 평가한 비율입니다. 보기
좋다는 감정을 만드는 것들을 무수히 모아서 그것들의 공통점을 분석

해봤더니, 그 보기 좋은 무언가들의 비율이 1:1.618이었다는 말입니다.

특·전·격의 황금비를 찾자는 말은 따라서, 무수한 특·전·격 중에서도 특별한 감정을 만들어낸 특·전·격들의 공통점을 찾자는 말입니다. 예를 들어 "감동적이다"라는 평을 받은 영화 A와 B, C, D, E, F, G, H…의 특·전·격에는 어떤 공통점이 있는지, 그 1:1.618을 찾자는 겁니다

특·전·격의 황금비를 찾기 위해서는 사람들이 어떤 특·전·격에 어떻게 반응하는지 관찰하고 무엇 때문에 그렇게 반응하는지 이해해야 합니다. 그리고 비슷한 반응을 낳는 특·전·격들의 공통점을 통찰해야 합니다. 재미있는 콘텐츠를 완성하기 위한 종착점, 특·전·격의 황금비를 소개합니다.

# 웃어야 웃긴다

예능 프로그램이나 시트콤에서 웃음소리가 배경으로 깔리는 경
우를 자주 봤을 것입니다. 예를 들어 <무한도전>에서 얼마나 많은 웃
음소리가 났는지 기억해보세요. 편집기를 사용할 수 있다면 한번 그
웃음소리를 잘라내고 시청해보길 권합니다. 틀림없이 재미가 반감될
겁니다.

어떤 장면의 끝에 웃음소리만 넣어도 사람들은 그 장면을 웃기게
생각할 수 있습니다. 반대로 슬픈 음악을 깔면 그 장면을 슬프게 느낄
수 있고, 공포감을 불러일으키는 음향을 깔면 심박 수가 올라가지요.
어떤 장면에, 예를 들어 남자 둘이서 레슬링을 하는 장면에 에로틱한
음악을 깔면 야하게 느낄 수도 있습니다.

이 같은 효과는 감정이 많은 부분 청각을 통해 일어나기 때문입니다. 엄마의 웃음소리에 아이는 까르르 웃습니다. 엄마의 울음소리에는 울음보를 터뜨립니다. 코미디 공연장에서 남들이 웃으면 따라 웃게 되고, 크리스마스 캐럴에 달뜨고, 초상집에서는 절로 슬퍼집니다.

따라서 어떤 특·전·격을 통해 시청자가 웃음 짓기를 원한다면 가장 쉬운 방법은 그 특·전·격 뒤에 웃음소리를 깔면 됩니다. 누군가 말했듯 "행복해서 웃는 게 아니라 웃어서 행복한" 것입니다. 반대로 시청자가 어떤 특·전·격을 보고 눈물짓게 하고 싶다면 가장 쉬운 방법은 특·전·격 뒤에 누군가 우는 소리와 함께 슬픈 배경음을 깔아주면 됩니다. 정말 많은 사람이 <신과 함께>의 주인공 수홍의 울음소리와 그 뒤에 깔린 슬픈 음악으로 인해 눈물을 터뜨렸습니다.

같은 맥락에서, 공포영화를 공포 없이 보기 위해서는 귀를 막으면 됩니다. 혹은 소리를 끄고 감상하면 됩니다. 무서운 소리는 공포의 감정을 상기하고, 그 감정은 곧 관객의 것이 되기 때문입니다. 스릴러나 액션 영화도 배경음악을 끄면 긴박감이 경감됩니다. 스릴러 영화에서 등장인물의 평범한 대화 뒤로 깔리는 묵직한 음을 주목해서 들어보세요. 정말 평범한 대화 장면인데도 불구하고 그 뒤로 둥. 둥. 둥. 둥. 둥.

둥 심장이 크게 뛰는 소리가 들립니다. 이 소리는 괜히 들어간 게 아닙니다.

작자는 아주 신중하게 수많은 소리를 넣어보고, 그중에서 가장 많은 사람에게 의도한 감정을 느끼게 할 수 있는 소리를 선정합니다. 또한 인기 드라마 <또 오해영>의 주인공 에릭처럼 콘텐츠에 들어갈 소리를 만드는 사람들이 존재합니다. 소리가 시청자에게 어떤 영향을 미칠 수 있는지 확인하고 싶다면, 알레한드로 곤잘레스 이냐리투 감독의 <비우티풀>을 추천합니다. 소리가 감정을 만드는 방식을 가장 예술적으로 체험할 수 있는 영화입니다.

# 짱절미의 귀여움…
# 우리는 왜 귀여움을 느끼나?

귀여운 동물이나 아이가 나오는 영상은 유행을 타지 않는다는 말이 있습니다. SBS <TV 동물농장>이 20년 가까이 높은 시청률을 유지하는 것처럼 말입니다. KBS의 <슈퍼맨이 돌아왔다>를 필두로 하는 귀여운 아이가 등장하는 예능도 시청률이 굉장히 높습니다. 인터넷을 통해 전파되는 밈에도 귀여운 동물이나 아이의 비율이 압도적으로 높습니다.

과거 '짱절미' 인스타그램 계정의 인기는 사람들이 귀여움에 어느 정도까지 열광할 수 있는지 보여줬습니다. 2018년 11월 기준 이 계정의 팔로워 수는 월드 스타 싸이의 팔로워 수보다 약 30만 명 정도 많았습니다. 이 계정의 인기는 많은 부분 '인절미'라는 강아지의 귀여움 때문이었습니다. "이 세상 귀여움이 아니다"라고 불린 인절미의 귀여움은 분명 '보통' 귀여움에서 멀리 벗어나 있었습니다.

그렇다면 사람들은 도대체 왜 인절미에게 귀여움을 느꼈을까요? 이 질문을 '도대체 왜 사람들은 귀여움을 느낄까요?'로 바꿔도 좋겠습니다. 뇌과학자들에 따르면, 인간 뇌에 조성된 프로그램 안에 이미 대다수가 귀엽다고 느끼는 특징은 정해져 있습니다. 큰 눈, 아기자기한 이목구비, 넓은 이마, 짧은 다리 등(혹자는 이를 경쟁에 적합하지 않아 보이는 특징이라고 말합니다.)입니다. 인절미는 그 '귀여움의 황금비'를 완벽하게 충족한 것입니다.

인절미가 성견으로 성장하자 급격히 인기를 잃은 이유도 귀여움의 황금비로 설명할 수 있습니다. 인절미는 자라면서 얼굴이 점점 아기자기한 이목구비에서 멀어졌습니다. 대부분의 강아지가 그렇듯이 인절미 역시 성장하며 귀여움의 황금비를 잃어갔습니다. 일부 네티즌은 이 때문에 불평하기도 했고, 이러한 불평이 비난의 대상이 되기도 했습니다.

귀여움이 큰 눈, 아기자기한 이목구비, 넓은 이마, 짧은 다리 등에서 나온다면, 기쁨 행복 슬픔 감동 공포를 유발하는 요소는 무엇일까요? 황금비를 찾는 일은 비유하자면, 유도하고자 하는 감정을 성공적으로 일으킨 특·전·격들에서 큰 눈, 아기자기한 이목구비, 넓은 이마, 짧은 다리 등을 찾는 것입니다.

# 호러,
# 모두가 같은 장면에서 공포를 느낀다

　　호러영화에서 관객은 등장인물이 생명, 혹은 존재의 위기에 처하는 장면에서 공포감을 느낍니다. 조던 필 감독의 영화 <어스>를 예로 들어보겠습니다. 영화는 피처럼 붉은 옷을 입은 복제인간들이 출몰해 본체를 살해하려 드는 이야기입니다.

　　공포는 어느 날 가족의 집 앞에 가족과 똑같이 생긴 무표정한 사람들이 등장하며 시작됩니다. 이들은 붉은 점프슈트 차림에 딱 봐도 날이 예리해 보이는 황금 가위를 들고 있는데요. 이 기괴한 복제인간들을 직접 상대하기 위해 아버지가 집 밖으로 나가는 장면에서 관객은 큰 공포를 맞이합니다. 이후에도 공포감이 일어나는 장면은 하나같이 이와 맥락이 같습니다. 등장인물이 생명, 혹은 존재의 위기에 처하면 관객은 두려움에 몸을 움찔거립니다.

등장인물이 생명의 위기에 처하는 장면은 호러영화가 아닌 액션
영화에도 많습니다. 그런데 어째서 호러영화 속 등장인물이 위기에 처
하는 장면은 닭살 돋는 공포감을 유발하는 반면, 액션영화에서 등장
인물이 위기에 처할 때는 그렇지 않을까요?

차이는 첫째로, 등장인물에게 위협을 가하는 대상에 있습니다. 그
대상이 귀신이나 싸이코, 초자연적 현상 같은 쉽게 이해할 수 없는 존
재라면 사람들은 공포를 느낍니다. 예를 들어 스탠리 큐브릭 감독의 영
화 <샤이닝>에서 주인공의 생명을 위협하는 존재는 호텔에 깃든 악
령들이었습니다. 감독은 이 악령들의 존재를 시종일관 이해할 수 없게
그려냅니다. 반면, 액션영화에서 위협을 가하는 대상은 인간이거나 '인
간스러운' 괴물입니다. 그것이 무엇인지 충분히 이해할 수 있는 존재들
이지요. 비유하자면, 안에 무엇이 들어있는지 모르는 상자에 손을 넣
을 때 사람들은 공포감을 느낍니다. 인간은 알 수 없는 것에서 최악을
상상하기 때문입니다.

호러영화와 액션영화의 차이는 하나 더 있습니다. 액션영화의 위

기는 극 중 빠르고, 비교적 쉽게 극복이 되지만 호러영화 속 위기는 극복할 수 없는 경우가 많습니다. 예를 들어, 성룡의 액션영화에 등장하는 악당들은 성룡의 발길질 몇 번에 스러집니다. 그러나 영화 <어스>에서 가족을 살해하러 온 이들은 영화가 끝날 때까지 끊임없이 가족을 괴롭히며 극심한 고통을 안겨줍니다.

정리하자면, 공포를 일으키는 무언가는 일단 등장인물의 생명이나 존재를 위협합니다. 그리고 관객은 그 무언가를 쉽게 이해할 수 없습니다. 이에 더해, 그 무언가로 인한 위기는 결코 쉽게 극복되지 않습니다. 반면, 액션영화의 박진감 넘치고 통쾌한 감정을 일으키기 위해서는 등장인물에게 생명의 위협을 가하되 생명을 위협하는 존재를 관객이 충분히 이해할 수 있게 연출해야 합니다. 그리고 위기는 비교적 쉽게 극복돼야 합니다.

# 그로테스크,
# 공포를 넘어선 공포

**'그로테스크 : 기괴한 것, 극도로 부자연한 것'**

공포와 기괴함이란 같은 듯하지만 조금 다릅니다. 기괴함은 공포
의 하위 감정입니다. 즉, 어떤 것이 기괴하면 공포스럽지만, 어떤 것이
공포스럽다고 해서 기괴한 것은 아닙니다. 기괴함은 단순한 공포감을
넘어섭니다. 어떤 것이 공포스러울 때보다 기괴할 때 사람들은 그것을
더욱 잊지 못합니다.

결론부터 말하면, 기괴함은 '친숙한 무언가'가 생명이나 존재를 위
협할 때 일어나게 됩니다. 비유하자면 기괴함이란 포크로 칠판을 긁는
것과 같습니다. 음식을 먹을 때 사용하는 포크와 지식을 전하는 칠판

이 만나 듣기 싫은 소리를 낼 때 우리는 그 소리를 '기괴한 소리'라고 하지요.

기괴함을 느낄 수 있는 콘텐츠로 김홍선 감독의 영화 <변신>이 있습니다. 사람의 모습으로 변신하는 악마가 가족 안에 숨어들면서 벌어지는 일을 그린 영화인데요. 다정했던 엄마가 쇠망치를 내려치고, 어리광쟁이 막내가 한밤중에 식칼을 들고 아빠를 찌르려 합니다. 사랑이 많던 아빠가 딸의 방에 숨어들어 성추행을 시도하기도 합니다. 그래서 관객은 이 영화를 보고 단순히 "무섭다"고 하지 않았습니다. 단순히 무서운 것과는 다른 종류의 소름이 돋기 때문입니다.

영화 <샤이닝>에서는 악령에 쓰인 아버지가 가족을 살해하려 듭니다. 역시 스티븐 킹 소설이 원작인 영화 <그것>에서는 친숙한 광대가 냉혹하고 잔인한 살인마로 변합니다. <그것: 두 번째 이야기>에서는 푸근했던 할머니가 주인공의 뒤에서 비정상적으로 몸을 비틉니다. 우리는 이 영화들을 '그로테스크하다'라고 표현합니다.

2019년 하반기에는 MBC의 파일럿 예능 <공부가 머니>가 의도치 않은 기괴함을 유발하기도 했습니다. 이 예능은 입시 코디네이터가 출연자 가족의 교육 방식에 조언하는 콘셉트로, 기획의도는 기괴함과 아무런 연관이 없었습니다. 그러나 일부 시청자들이 느낀 감정은 기괴함이었습니다. 그도 그럴 것이 많은 시청자들은 한 부부의 자녀가 부모로부터 학대당한다고 생각했습니다. 당시 각각 6세, 7세, 9세였던 삼 남매는 사교육을 통해 배우는 과목만 총 34개였습니다. 학교와 유치원에서 돌아온 자녀들은 쉴 새 없이 학원에 가고, 학습지 교사를 맞이하고, 숙제를 했습니다. 방송이 진행될수록 아이들은 얼굴을 찡그렸고 한숨을 내쉬었습니다. 자정이 넘어 잠이 들었고, 주말에도 숙제를 해야 했습니다. 부모는 아이에게 학습지 교사를 맞이하기 위해 밥을 어서 먹으라고 재촉했고, MC들이 우려를 표했지만 부모는 대수롭지 않게 여겼습니다. 책상 앞에 장시간 앉아있지 못하는 아이를 바깥에 쫓아내 울리는 모습은 이 예능의 클라이맥스였습니다.

물론, TV에 비춰진 장면은 실제와 달랐을 것입니다. 극단적인 연출과 편집의 영향이 컸을 것입니다. 그러나 의도치 않게 일어난 기괴함으로 인해 MBC 홈페이지 게시판에는 비난이 쏟아졌습니다. 그것은 마치 그로테스크한 영화라도 본 듯한, 분명 기괴하다는 표현들이었습니다. 그날 시청자는 부모가 자식의 존재를 위협하는 장면을 봤기 때문입니다. 한편, 이후 아이의 부모는 그러한 교육방식이 잘못됐음을 인정했고, 입시 코디네이터의 솔루션을 통해 부모는 아이들의 학습시간을 줄였습니다. 그 결과 오히려 아이들의 성적이 상승했습니다.

# 사라지는 것들은 아름답다

저는 외조부모님 손에 자란 기간이 있었기에 외조부모님에 대한 애착이 강한 편이었습니다. 중학생 때부터 '언젠가 충분히 크면 할아버지 할머니가 세상을 떠나기 전에 효도해야겠다'는 마음을 강하게 가지고 있었습니다.

학부 시절 비로소 그 목표를 일부 이룰 수 있었는데요. 당시 외조부모님께서는 팔순이 넘어 모든 신체 기능이 쇠퇴하기 시작했고, 직원을 쓰지 않고 모텔을 운영하셨습니다. 그래서 방학마다 내려가서 그분들을 도왔습니다. 저에게는 소원성취였습니다.

낮에는 모텔방을 청소하고, 새벽까지 카운터를 봤습니다. 그리고 할머니와 할아버지를 주인공으로 한 소설을 썼습니다. 해리포터 네 권 분량이었습니다.

당시 쓴 소설은 출간이 목적은 아니었습니다. 애초에 출간될 수도 없었습니다. 전부 그분들이 사용하는 옛날 사투리로 구성했기 때문입니다. 보통 소설들은 적어도 서술은 사투리로 하지 않는데 저는 서술까지 사투리로 했습니다. 1인칭 주인공 시점의 소설이었고, 화자가 할머니였기 때문입니다.

저는 그 소설을 쓰기 위해 두 분이 하시는 말들을 녹음하거나 받아 적었습니다. 당시 저는 곧 사라질 것만 같은 할아버지와 할머니를 제 소설 안에 붙잡고 싶었습니다. 그러기 위해서 일부러 옛날이야기를 최대한 많이 들려달라고 했습니다. 제 인생에서 할머니 할아버지와 가장 많은 이야기를 나눌 수 있었던 시간이었습니다. 덕분에 제 뿌리가 어떤 모습인지 파악할 수 있기도 했습니다.

아직도 제 인생에서 가장 잘한 일을 꼽으라면 1년 정도의 시간 동안 그 소설을 쓴 것입니다. 비록 두 분을 온전히 담아낼 순 없었지만, 시간 낭비였다고는 생각되지 않습니다. 그것은 제 뿌리에 대한 기록이었습니다. 언젠가 소설가 김성동을 인터뷰한 적이 있는데, 그도 그런 식의 소설을 썼습니다. 그 역시 저와 같은 마음이었을 겁니다. 우선은 나중에 어머니께 보여 드리고 싶습니다.

수년이 흐른 지금에 와서 제가 어째서 그토록 그 소설을 쓰는 일에 집착했는지를 돌아보면, '아름다웠다'고 답할 수밖에 없습니다. 그 시절 할머니와 할아버지를 상상하면 저는 꺼질 듯 타오르는 찬란한 불빛을 봅니다. 그 시절 할아버지와 할머니는 어딘가에 담지 않으면 안 될 정도로 아름다우셨습니다. 조금씩 사라지고 계셨기 때문입니다.

좋아하는 가수가 고척 스카이돔에서 부르는 노래를 감상할 수 있는 시간은 그 노래가 하늘로 흩어지는 그날 그 시간 단 한 번뿐입니다. 아무리 완벽하게 재연하더라도 그 노래에는 그날 그 시간이 아니면 사라져버리는 아우라가 있습니다. 그 눈물겹도록 아름다운 아우라는 아무리 붙잡으려 해도 그럴 수 없습니다. 그래서 많은 이들이 좋아하는 가수의 콘서트장에서 눈물범벅이 됩니다.

곧 사라질 저녁노을이 아름답듯 '사라짐'은 아름답습니다. 그러니 무언가에서 아름다움을 느끼게 하고 싶다면 그것을 곧 꺼질 듯 흔들

리는 촛불처럼 위태로워 보이게 하십시오. 감동적인 영화의 끝에는 반
드시 '사라짐'이 있습니다.

# 특·전·격이
# '창의적'이라고 불리기 위해서는

혹시 하늘 아래 '새로운' 것을 본 적이 있으십니까? 양자역학이나 중력도 그저 존재하는 것을 발견했을 뿐입니다. '새로운 생각이나 개념'이라고 해서 이 세상에 없던 것이 아닙니다. 무에서 유를 창조하는 일은 하나님 이외에는 그 누구도 할 수 없습니다. 그 어떤 대단한 발명이나 놀라운 발견도 이미 존재하는 것으로 만들어집니다. 따라서 창의력은 이미 존재하는 것을 색다른 관점에서 보거나, 그것들을 색다르게 조합해 내는 능력, 그 이상도 이하도 아닙니다. '색다른 관점과 색다른 조합'의 결과물이 곧 창의적인 것이고, 이것을 잘 해내는 사람이 창의적이라고 불립니다.

따라서 어떤 특·전·격이 창의적이라고 불리기 위해서는 첫째, 그 특·전·격이 관점에 있어서의 특·전·격이어야 합니다. 창의적인 생각을 요구할 때 'Think outside of the box'(상자 밖에서 생각하라)라고 말합니다. 사람들이 상자 안에 들어있다고 상상해봅시다. 이 경우 그 사람들이 보는 상자의 모습은 갑갑한 육면체의 방일 것입니다. 그때 어느 한 사람이 밖으로 기어 나와서 상자를 내려다봅니다. 그 사람에게 상자는 앉을 수 있는 의자 혹은 높은 곳으로 이동할 수 있는 발판이 됩니다.

어떤 특·전·격이 창의적이라고 불리기 위해서는 둘째, 그 특·전·격이 멀리 떨어진 것들의 조합이어야 합니다. 시인이 멀리 떨어진 개념들을 이어서 전혀 다른 의미를 만드는 것과 같은 맥락입니다. "이것은 소리 없는 아우성"(유치환 「깃발」), 펄럭이는 깃발과 아무런 관련이 없는 아우성을 연결하는 게 바로 창의적인 특·전·격입니다. 앞서 은유에 대해 설명하는 장에서 은유를 '전의'라고 했습니다. 전의는 멀리 떨어진 것을 연결해 만들어집니다. 아리스토텔레스에게 "예술이 가진 창의성의 근원은 무엇입니까?"라고 물었을    때 "메타포"(은유)라고 답했다고 합니다.

뇌과학자들에 따르면 어떤 사람이 창의적인 생각을 할 때는 뇌조차도 멀리 떨어진 영역끼리 상호작용한다고 합니다. 평소에는 함께 일하지 않는 뇌의 영역들이 창의적인 생각을 할 때에는 서로 협력한다는 거죠.

  그렇다면 창의적인 특·전·격을 만드는 능력은 어떻게 키울 수 있을까요. 무엇보다 나와 다른 존재를 만나고 색다른 시선으로 세상을 바라봐야 합니다. 그러기 위해서는 여러 곳을 다니며 사람들을 만나는 방법도 있겠지만, 독서를 하거나 다양한 콘텐츠를 보는 방법도 있습니다. 다만, 요즘은 콘텐츠가 개개인의 입맛에 맞게 큐레이션 돼 나오는 경우가 많기에 주의해야 합니다. 자신의 취향과 비슷한 콘텐츠만 보기 쉽습니다. 저와 인터뷰한 김영란 전 대법관과 스타강사 김미경은 그래서 일부러 종이 신문 등 아날로그 콘텐츠를 구독한다고 했습니다. SNS에서 영감을 쏟아내는 다양한 인플루언서들을 팔로우하며 도움을 받을 수도 있겠습니다. 내가 가진 박스 바깥에 있는 사람들의 색다른 시각을 배우고, 어떻게 서로 다른 것들이 어울릴 수 있는지를 생각해보는 것입니다. 이러한 배움은 다다익선입니다.

# 유재석,
# 가장 창의적인 코미디언

**유재석은 우리나라에서 가장 창의적인 코미디언입니다. 그는 어떤 재료든지 맛 좋은 요리로 바꿀 수 있는 셰프가 요리하듯 웃음을 만들어냅니다.**

유재석은 먼저 출연진의 다양한 특징 중 하나를 엄선하고, 그 특징에 '색다른 관점과 색다른 조합'을 부여합니다. 가령 <해피투게더>에서 박명수가 수건으로 얼굴을 가리고 누워 있는데 유재석이 말합니다. "저분은 신비주의라서요." 낯을 많이 가리고 속내를 잘 내비치지 않는 박명수의 특징을 집어내 수건으로 얼굴을 가린 상황과 연결하고, 이를 스타 중의 스타에게나 해당하는 신비주의라는 말로 표현(전의)함으로써 웃음을 만든 것입니다.

"전 출연자를 관찰합니다. 미세한 움직임, 표정의 변화를 주목합니다. 주변 사람들을 관찰하고 특징을 뽑아내는 게 장점이 아닌가 싶습니다." (<범인은 바로 너> 제작 발표회 中)

예능에서 유재석은 유독 탐정 역할로 많이 등장합니다. 셜록 홈즈가 누구보다 빠르게 사건을 해결할 실마리를 찾아낸다면, 유재석은 누구보다도 빠르게 '색다른 관점과 색다른 조합'을 만들 만한 특징을 잡아냅니다.

강호동과 김구라가 활약하는 예능 포맷은 어느 정도 예상이 가능한 반면, 유재석은 정말 다양한 형식의 프로그램을 맡습니다. 그가 어떤 상황에서도, 그 누구에게서도 웃음을 뽑아낼 수 있는 절대고수이기 때문입니다. 가령 <놀면 뭐하니?>와 <유 퀴즈 온 더 블럭>은 유재석의 화려한 초식을 감상할 수 있는 프로그램입니다. 연예인이든 일반인이든 그와 만나는 순간 모두 웃기는 사람으로 변합니다. 유플래쉬의 드러머 유고스타, 트로트 가수 유산슬, 혼성그룹 싹쓰리의 멤버 유두래곤, 환불원정대의 제작자 지미 유 등 어떤 캐릭터든, 어떤 장르이든, 어떤 콘셉트이든 거기에서 유재석은 창의적인 웃음을 뽑아냅니다. 그 창의성이 바로 유재석이 역대 코미디언 중 가장 긴 전성기를 누리게 한 원동력입니다.

# 큐비즘, 천년의 관점을 뒤집은 특·전·격

예술사를 뒤집어놓은 피카소와 브라크의 입체주의는 혁명이었습니다. 과거 예술가들이 오랫동안 유지해온 '전통'의 목을 비틀어버렸기 때문입니다.

피카소 이전의 예술가들은 대상을 1인칭 시점에서 사진 찍듯 그리는 한계에서 벗어나지 못했습니다. 선사시대 동굴벽화부터 르네상스 시대, 고전주의와 계몽주의, 낭만주의, 인상주의까지. 표현 기법만을 달리했을 뿐 그들은 사진 같은 그림(구상미술)을 그려왔습니다.

특히 공통적으로 원근법과 명암대조법, 피라미드 구도를 고수했고, 이것이 '서양미술의 전통'이라고 불리게 됩니다. 멀고 가까움, 밝음

과 어두움, 그리고 특정한 구도는 모두 예술가가 한 장소에 고정돼있어
야 형성되는 것들이었습니다.

입체파는 이러한 전통의 핵심이라고 할 수 있는 1인칭 시점을 비틀
면서 시작됐습니다. 피카소와 브라크는 한 그림 안에 무수한 '시점'을
담아냅니다. 예를 들어 한 남자를 그린 그림을 보면, 남자를 앞에서, 뒤
에서, 옆에서, 위에서, 아래에서… 360도를 넘어 720도, 상하 좌우 모든
면에서 바라본 장면들을 조각조각 붙입니다. 피카소는 "창조의 모든
행위는 파괴에서 시작된다"고 말했지만, 정확히는 파괴가 아니라 무수
한 관점, 무수한 'outside the box'를 한 곳에 담은 것입니다.

앞서 창의성을 '관점에 있어서 특·전·격'이라고 설명한 바 있습니
다. 이 혁명적인 관점의 전환은 '풍경을 그린 게 아니라 큐브를 그린 것
같다'는 어느 심사위원의 조롱을 듣게 되지만, 이후 보이지 않는 것을
그리는 추상미술의 세계를 여는 데 기여했고, 지금은 미술사를 통틀
어 가장 창의적인 혁신이라 일컬어집니다.

# '**B급**'이란 무엇인가 재미의<br>완성

B급 드라마, B급 영화 등 B급이 붙은 단어는 그저 "질이 떨어진다"는 식으로 대충 퉁치는 분위기가 있습니다. B급은 대체 뭘까요? B급이라고 불리는 콘텐츠들을 한데 모아서 살펴보면 그 콘텐츠들은 공통적으로 개연성이 낮습니다.

가령 조승우 주연의 드라마 <비밀의 숲>은 명품이라는 평가를 받는 반면, 대부분의 일일 아침드라마는 B급이라고 불립니다. 그리고 <비밀의 숲>과 아침드라마의 가장 큰 차이는 개연성입니다. <비밀의 숲>은 어떤 사건이 일어나든지 개연성이 높습니다. 예컨대 <비밀의 숲>에서 서로 전혀 알지 못했던 조승우가 배두나를 처음 마주치는 곳은 사건 현장입니다. 그리고 이들이 이후 만나는 곳 역시 대부분이 사건

현장입니다. 조승우와 배두나가 같은 지역을 담당하는 검사이고 경찰이기 때문에 이 둘의 만남은 합리적입니다. 사건 담당 검사와 담당 경찰은 만날 수밖에 없기 때문입니다. 두 사람의 만남은 우연보다는 필연입니다.

반면, 일일 아침드라마에서 잃어버린 딸과 재벌 친부모가 10년 후 만나는 곳은 어느 마트 식품코너 시식대입니다. 이들이 같은 시간, 같은 장소에서 만날 확률은 로또에 당첨될 확률보다 낮은데도 이들은 만납니다. 정말 공교롭게도 재벌 부모가 지나가는 시점에 딸이 미끄러져 넘어지고, 엎어진 음식이 부모 옷에 쏟아집니다. 이처럼 개연성이 지극히 낮은 사건이 빈번하게 일어나면 우리는 그 콘텐츠를 B급이라고 부릅니다. 몇억 분의 일 확률의 사건들이 당연하게 일어나면 시청자는 그 콘텐츠를 조잡하다고 느낍니다.

'개연성'이라는 단어를 사전에서 찾아보면 "사건이 현실화할 수 있는 확실성의 정도 또는 가능성의 정도, 전체적인 맥락 또는 흐름에 부합하는 정도"라고 나옵니다. <비밀의 숲>에서 배두나와 조승우가 한 날한시에 만날 확률이 80%였다면, B급 드라마에서는 인물과 인물이 만날 확률이 몇억 분의 일인 것입니다. 만날 확률 0.000000001%의 사람들의 만남. 개연성이 0%에 근접하면 개연성이 '없다'고 표현합니다. 쉽게 말해, 보면서 아무렇지 않으면 개연성이 높은 것이고, '에이, 저게 어떻게 가능해' '막 갖다 붙이네' 하고 혀를 끌끌 찼다면 개연성이 낮은 것입니다.

옷을 만드는 데 쓸 천이 있다고 가정해봅시다. 고급스러운 천일수록 한 땀 한 땀의 연결은 균일합니다. 그러나 그 연결이 삐뚤빼뚤하거나 터져 있다면 천에 쓰인 실이 아무리 좋더라도 질이 나쁘다는 평밖에 돌아오지 않습니다. B급과 A급을 가르는 개연성은 비유하자면 이런 것입니다. 한 땀 다음에 오는 한 땀이 제대로 이어져 있어야 하듯 좋은 콘텐츠는 요소요소가 높은 개연성을 바탕으로 이어져야 합니다.

상대적으로 저렴한 제작비를 들인 콘텐츠에서 B급은 많이 보입니다. 〈사랑과 전쟁〉과 〈서프라이즈〉가 대표적입니다. 〈사랑과 전쟁〉에서 어떤 여자는 현관에 낯선 여자의 신발이 버젓이 있는데도 누군가 집에 들어와 있다는 사실을 인지하지 못합니다. 증거가 여기저기 널려 있음에도 남편의 외도를 전혀 의심하지 않습니다. 그 둔함으로 따지면 이 세상 사람이 아닐 정도입니다. 〈서프라이즈〉에서는 미국인 역할을 맡은 배우가 영어를 잘 못하는 등 굉장히 엉성한 장면들이 펼쳐집니다. 이 외에도 한 지상파 일일 드라마에서는 재벌과 병원장 집안이 상견례를 하는 장소가 돈가스 프렌차이즈 식당이었습니다. 두 집안은 자린고비가 아니었으며, 아주 진지한 장면이었습니다.

한편, 어떤 콘텐츠는 일부러 B급으로 제작하기도 합니다. 특히 거의 모든 코미디 콘텐츠에서는 B급을 코미디의 도구로 사용합니다. 개연성이 없어야 웃기기 때문입니다. 일례로 한 인도 영화에서는 한 남자가 바나나 껍질을 벗기더니 그 속살로 총을 든 사람들을 모조리 베어 버립니다. 그러더니 갑자기 어디선가 사람들이 떼로 모여들어 춤을 추기 시작합니다. 분명 B급이지만 이 세상 재미가 아니라는 평입니다. 상대방이 개연성 없는 말이나 행동을 하면 "갑자기?!"라고 말하는 것이 유행한 적이 있습니다. 이 말은 상대방의 행위가 개연성이 없음을 부각해 웃음을 만듭니다.

특·전·격은 장르에 따라 개연성을 찾아야 할 때도, 잃어야 할 때도 있습니다. 가령 영화제에서 상을 받는 작품들은 대부분 100%에 가까운 개연성을 바탕으로 특·전·격을 만들어냅니다. 반면, 코미디 콘텐츠의 개연성은 굉장히 낮습니다. 어떤 종류의 재미를 만들 것이냐에 따라 개연성의 크기는 달라야 할 것입니다.

# 〈테넷〉은 뜨고 〈리얼〉은 가라앉은 이유

앞서 '개연성 낮음', 즉 B급을 엉성하게 짜인 천으로 비유했는데요. 이를 다시 롤러코스터에 비유한다면 레일과 레일, 혹은 열차들이 서로 다른 회사에서 제작됐거나, 삐뚤빼뚤 붙어있는 엉성한 롤러코스터라고 할 수 있습니다. 그런 롤러코스터를 타는 사람들은 롤러코스터가 의도한 재미를 즐기기보다는 롤러코스터가 엉성하게 제작된 사실에 더 신경을 쓰게 됩니다.

영화 〈리얼〉은 개연성이 낮아 실패한 대표적 사례입니다. 이 영화는 몇 번을 봐도 충분히 설명되지 않는 부분이 존재합니다. 〈리얼〉에서 사건과 사건이 연결될 때 관객은 왜? 갑자기? 무슨 의미지? 아까 그건 왜 그랬지?를 연발했습니다. 관객은 어떤 장면이 일어난 이유에 대

한 최소한의 설명이 필요했지만, 영화는 불친절했습니다. 특히 이해가
될 만하면 등장하는 상징들 탓에 난해함을 느꼈습니다. 영화는 계속
해서 당혹과 집중을 일으키는 격변을 담은 특이한 장면들을 보여줬지
만, 그 장면들이 이전의 장면들, 혹은 영화 전체와 연결된다고 보기는
어려웠습니다.

상업영화는 그 영화가 끝날 때쯤이면 관객이 대부분의 내용을 이
해할 수 있어야 합니다. 영화가 끝나고도 관객이 무슨 내용인지 잘 모
르는 영화는 상업영화가 될 수 없기 때문입니다. 누군가 "그 영화 어
때?"라고 물어보면 무슨 내용인지 어느 정도 파악이 돼야 "그 영화 재
밌어" "그 영화 볼만해"라는 말도 나올 수 있습니다. 반면 "그 영화 어
때?"라는 질문에 "난해해"라는 대답만 떠오른다면 "재미있어"라는
말을 덧붙이기는 어렵습니다.

<리얼>의 서사는 올라가지도 않았는데 추락하는, 그리고 그 비정
상적인 추락이 계속되는 롤러코스터와 같았습니다. 그런 롤러코스터
에 올라탄 관객은 몇 번의 추락의 이유를 이해해보려다가 결국 포기하
고 지쳐버렸습니다. 결국 영화를 보는 도중 딴생각을 하게 되고, 그 스
트레스 때문에 영화를 재미없다고 여기게 됐습니다. 학창 시절 아무리

노력해도 풀리지 않던 수학문제를 떠올려보십시오. 풀리지 않는 문제는 불쾌하기만 합니다.

앞서 스티븐 킹의 영업비밀을 주인공을 계속해서 고난(격변)에 처하게 하는 것이라고 설명한 바 있습니다. 그러나 이때 스티븐 킹이 일으킨 격변은 단절된 격변의 연발이 아니었습니다. 스티븐 킹이 일으킨 격변은 기, 승, 전, 결이라는 흐름을 따라 일어났으며, 사건과 사건 사이에는 납득할만한 연결이 있었습니다.

한편, 크리스토퍼 놀란 감독의 영화 <테넷>은 이러한 설명의 유일한 예외입니다. <리얼>과 마찬가지로, 영화관을 나오며 이 영화를 이해한 사람은 거의 없었습니다. 이해하기 위해서 높은 수준의 물리학 지식이 필요했고 서사 역시 논리적이지 않은 부분이 있었기 때문입니다. 유명 영화잡지에서 오랫동안 영화비평을 해온 이들조차 이 영화를 단번에 이해하지 못했습니다. 씨네21의 기자들조차 이 영화에 달라붙어서 며칠간 머리를 싸매고 분석해야 했을 정도였다는 후문입니다. 기자와 평론가들이 적는 포털사이트 영화평도 굉장히 늦게 달렸습니다. <테넷>은 <리얼>과 마찬가지로 '올라가지도 않았는데 떨어지는 비정상적인 추락'의 연속이었고, 풀리지 않는 수학문제처럼 불쾌했습니다.

그런데도 이 영화가 인기를 누린 이유는 그러한 불편한 서사를 묻어버릴 정도로 압도적인 특·전·격들 때문이었습니다. 아무 서사도 없는 불꽃놀이가 재미를 만들듯, <테넷>의 '이 세상 것이 아닌듯한' 미장센은 쾌감을 일으켰습니다. 실제로 두 영화의 평은 아주 비슷하지만 한쪽은 호평, 한쪽은 악평입니다. 어느 평론가는 이렇게 평했습니다. "이해하지 말고 느끼라는 주문, 그 매혹적 뻔뻔함."

# 4

# 재미의
# 증폭

특·전·격이 더욱 큰 당혹과 집중을 일으킬 수 있게
돕는 요소들이 있습니다.
'특·전·격 증폭제'라고 할 수 있습니다.

앞으로 당신의 무기가 될,
특·전·격을 효과적으로 만드는 몇 가지 요소들을 소개합니다.

# 증폭제 1
## '연관성'

# 지인의 프로필 사진이 바뀔 때 우리는…

저를 포함해 틈날 때마다 카카오톡 프로필 사진들을 쭉 훑는 사람이 많습니다. 직업이 기자인지라 제 스마트폰에는 700여 명의 카톡 친구들이 있는데요. 그들의 프사를 죽 훑다 보면 몇에는 빨간 점이 박혀 있습니다. 프사를 변경한 거죠.

"어라? 이 사람 결혼하나 보네?"
"이 분은 연인과 헤어졌나?"
"자동차 뽑았네?"
"제주도 갔나 보네"

특·전·격 증폭제 중 한 가지는 '연관성'입니다. 길거리 광고판을 떠올려봅시다. 광고판에 경악할 만한 변화가 일어나지 않는 이상 우리는 그닥 신경 쓰지 않습니다. 반면, 우리는 유독 지인 프사의 작은 변화에는 당혹하고 집중하게 됩니다. 그 프사가 우리와 연관된 사람의 프사이기 때문입니다.

카페에 앉아서 창밖의 신호등을 본다고 생각해봅시다. 빨간불에서 파란불로, 파란불에서 빨간불로 바뀌더라도 그다지 신경 쓰이지 않을 것입니다. 반면, 건너야 하는 횡단보도 앞에서 신호등의 불이 바뀌었다고 생각해보십시오. 당신의 몸은 바뀌는 불빛에 즉각 반응할 것입니다. 변화는 이렇게 자신과 연관된 일이냐 아니냐에 따라 다르게 느껴집니다.

프사나 신호등의 변화 같은 작은 변화가 아니라 특·전·격이 당신과 연관돼 있다면 어떨까요. 가령 당신의 친구가 당신 바로 앞에서 싸움에 휘말렸다면요. 더 연관성을 높여봅시다. 그럴 일은 없어야 하겠지만, 만약 당신의 어머니가 당신 바로 앞에서 누군가와 싸운다면 어떨까요. 전혀 모르는 누군가가 싸우는 것보다 당혹감과 집중, 갈등이 훨씬 크게 일어납니다. 당장 가까이에서 불이 나 당신의 물건을 태워버린다고 상상해보십시오. 뉴스에서 산을 태우는 큰불보다 당혹감과 집중,

갈등은 훨씬 클 것입니다. 차이는 연관성입니다.

# 왜 류현진의 경기는 가슴이 뛸까?

야구나 축구를 좋아하지 않는 사람일지라도 메이저리그에서 뛰는 류현진의 경기나 국가대표 축구팀의 경기는 시청합니다. 그들이 우리를 대표해 외국인과 싸운다고 여기기 때문입니다.

운동회의 기억을 떠올려봅시다. 우리 반이 참가하는 계주경기는 그렇지 않은 경기보다 더욱 집중해 보게 됩니다. 다른 반 경기는 이기거나 지거나 별 감흥이 없지만, 우리 반 경기에는 기를 쓰고 응원하고, 이기면 뛰면서 기뻐하고, 지면 울상을 짓습니다.

연관성이 존재하면 시청자는 콘텐츠 속 주인공을 내 편, 혹은 나의 이란성 쌍둥이 정도로 생각하게 됩니다. 그래서 주인공이 지거나 이기면 시청자 또한 잃거나 얻는 듯한 착각에 빠집니다. 예를 들어 저는 류현진이 노히트노런으로 경기를 끝내면 마치 제가 잘한 것처럼 온종일 기분이 좋습니다. 퀄리티스타트만 기록해도 하루 중 절반은 기분이 좋습니다. 반면, 류현진의 전 동료였던 클레이튼 커쇼가 완봉승에 만루홈런을 때리더라도 그만큼 흥분하지는 않습니다. 마찬가지로 국가대표 축구팀의 경기 결과는 선수 연봉 총액이 세계에서 가장 높은 FC바르셀로나의 경기 결과보다 더 큰 영향을 미칩니다.

연관성은 시청자와 콘텐츠 사이에 연결된 보이지 않는 실입니다. 이 실로 연결된 상태에서 콘텐츠에 변화가 일어나면 시청자는 움찔댈 수밖에 없습니다.

따라서 크리에이터는 콘텐츠를 기획할 때 연관성을 고려해야 합니다. 예를 들어 많은 사람들이 경험했던 특이한 일들을 활용할 수 있습니다. 가령 유튜브에는 '도를 아십니까'를 다루는 콘텐츠가 유독 인기를 얻습니다. "도를 아십니까"라며 다가오는 사람들에게 잡혀보지 않은 사람은 드물기 때문입니다. '대체 나를 왜 잡았지?'라는 의문은 많은 시청자에게 아직 풀리지 않은 수수께끼입니다. 보이스피싱이나 중고차 사기를 다루는 콘텐츠들의 인기도 이와 맥락이 비슷합니다. 물론, 이런 콘텐츠들이 윤리적인지는 따져봐야 하겠지만요. 구독자 수 200만 명에 달하는 유튜버 진용진의 콘텐츠 '그것을 알려 드림'은 강한 연관성을 바탕으로 성공한 콘텐츠입니다. '수능 점수가 인생에 얼마나 영향을 줄까?' '화장실에 꼭 있는 이 벌레, 도대체 정체가 뭘까?' '편의점에 보이는 동전모금함 돈은 어디로 갈까?' '동네마다 있는 1층에 허름한 PC방 들어가 봤습니다' 등 그는 많은 사람들이 풀고 싶어 했지만 풀 수 없었던 문제들을 콘텐츠화했습니다. 연관성이 있다면 콘텐츠 속 작은 변화조차 시청자에게 당혹감과 집중을 일으키고, 특·전·격이 일어나면 그 효과는 증폭됩니다.

# 최진기,
# 설민석은 되고 도올은 안 된다?

## "the year of nostalgia"
## '알라딘'의 성공

"최진기와 설민석은 되고 도올은 안된다." 강사 최진기와 설민석이 출연하는 강연 프로그램들이 인기를 끌던 시기가 있었습니다. 반면 같은 기간 방영한 도올 김용옥 선생의 강연 프로그램은 시청률이 잘 나오지 않았고 화제도 잘 되지 않았습니다. 김용옥 선생은 선생 중의 선생으로, 그가 전하는 지식과 통찰의 가치는 그 어떤 강의보다 덜하지 않았기에 의외였습니다.

인기 차이의 원인은 연관성이었습니다. 이 프로그램들의 주요 타깃층은 2,30대였는데요. 대부분의 2,30대는 중·고등학생 때부터 인터 넷 강의를 통해 최진기와 설민석을 60시간 이상 만난 이들이었습니다. 그리고 이 두 강사로 인해 수능성적이, 대학이 바뀌었던 이들이었습니 다. 반면, 이들과 도올의 접점은 부족했습니다.

비슷한 예로, 증강현실 게임 '포켓몬 고'는 한때 2,30대 사이에서 굉장한 인기를 끌었습니다. 그 인기는 당시 우후죽순 등장하던 비슷한 증강현실 게임들 사이에서 단연 독보적이었습니다. 게임의 배경인 애 니메이션 <포켓몬스터>가 2,30대 어린 시절 추억의 중요한 부분을 차 지하고 있었기 때문입니다. 2,30대 중에서 <포켓몬스터> 주제가를 외 우지 못하는 이들은 거의 없습니다.

지난 2019년은 <알라딘> <토이 스토리> <맨 인 블랙> <고질라> < 사탄의 인형> <스파이더맨> 등 십여 년 전에 인기를 누렸던 콘텐츠가 전부 새롭게 제작돼 개봉하면서 "the year of nostalgia"(노스텔지어의 해) 라고 불렸습니다. 이 중 영화 <알라딘>은 국내에서 1,200만 관객을 동 원하며 특히 흥행했는데요. 과거 일요일 아침 애니메이션 <알라딘>을 보기 위해 늦잠을 포기하고 일찍 일어났던 아이들이 성인이 됐고, 이 들이 그들의 자녀와 함께 극장에 갔기 때문입니다. <알라딘>은 그들의 유년기 추억에서 중요한 부분을 차지하고 있습니다.

가면 갈수록 옛날 콘텐츠들이 부활하는 이유는, 부활시킬 양질의
콘텐츠들이 과거와 비교해 많아졌기 때문이기도 하지만, 제작자들이
연관성의 효과를 인지하기 시작했기 때문입니다.

# '레트로'와 '뉴트로'의 인기 차이

　　'레트로'란 그저 과거의 것을 가져오는 것이 아닙니다. 레트로는 과거 우리 인생에서 중요했던, 즉 우리와 연관된 무언가를 현재로 끌어오는 것입니다. 드라마 '응답하라' 시리즈가 중장년층에게 청춘을 회상하게 했듯 말이지요.

　　2018년 말 출간된 책 『트렌드 코리아 2019』에는 이듬해 유행할 트렌드로 '새로운 복고, 뉴트로'라는 개념이 소개됐습니다. 시청자와 콘텐츠 사이에 연관성을 부여하는 것이 레트로라면 뉴트로(New-tro : New와 retro의 합성어)란 레트로에 특이와 전의를 더한 것입니다.

　　책의 예언처럼 2019년에는 유독 10년 20년 전 유행했던 콘텐츠가 인기를 끌었습니다. 그리고 옛날 콘텐츠이더라도 어떤 콘텐츠들은 흥행하지 못했고, 어떤 콘텐츠들은 흥행했습니다. 차이는 레트로이냐 뉴트로이냐였습니다. 단순한 레트로는 성공하지 못한 반면, 레트로라는 '연관성' 위에 특이와 전의를 얹은 뉴트로는 성공했습니다. 대표적으로 방송사 SBS의 유튜브 채널 'SBS Catch'에서 새롭게 편집해 업로드한 드라마 <올인>(2003)과 <파리의 연인>(2004)이 뉴트로였습니다. SBS는 회당 한 시간 내외의 두 드라마를 편집 방식을 달리해 15분 내외의 색다른 드라마로 만들어냈습니다. 그리고 여기에 작정하고 재미를 노린 자막을 덧붙였습니다.

예컨대 <올인>에서는 카지노에서 일하는 송혜교가 일본인에게 프로페셔널하게 게임을 소개하는 장면을 빨리감기로 넘겨버리고 "시국이 시국인지라"라는 자막을 붙입니다. 해당 영상이 올라온 시기는 한창 일본제품 불매운동이 전개되던 때였습니다. 또한, <파리의 연인>에서는 사고를 당한 이동건이 기억상실증에 걸리는 장면을 부각하며 '설마'라는 자막을 붙입니다. 기억상실증이 흔했던 옛날 드라마를 재치 있게 희화한 것이지요. 'SBS Catch'는 옛날 드라마에 이런 식으로 계속해서 특이와 전의를 만들어냅니다. 그 결과 "편집자 월급 100만 원 올려줘라"라는 댓글이 유행했습니다. 제작진은 그런 편집점과 자막들을 만들기 위해 치열하게 고민했을 것입니다.

반면, 그저 레트로만을 담은 콘텐츠들은 그리 성공적이지 못했습니다. 대표적인 예로 MBC의 유튜브 채널 'MBCdrama'에서는 과거 57.3%의 시청률을 기록한 드라마 <보고 또 보고>(1998)를 일주일에 네 번 업로드했습니다. 그러나 회당 35분짜리 원작을 15분 내외로 그저 축약만 해서 올렸습니다. 같은 기간 <올인>이 주 2회, <파리의 연인>이 주 1회 공들인 편집을 거쳐 업로드됐던 것과는 차이가 있었습니다.

레트로만 있고 특·전·격은 없었던 <보고 또 보고>는 <올인>이나 <파리의 연인>과 비교해 유튜브 조회수가 한참 떨어졌습니다. <보고 또 보고>가 회당 3~4만 내외의 조회수를 기록할 때 <파리의 연인>은 기본적으로 30만 내외였으며, 60만을 넘기도 했습니다. <올인>의 조회수 역시 <보고 또 보고>의 조회수보다 3~4배 더 높았습니다. 과거의 시청률과는 반대였습니다.

네티즌이 자발적으로 레트로를 뉴트로로 바꿔 성공한 케이스도 있었습니다. 유튜브 채널 'SBS KPOP CLASSIC'의 사례입니다. 이 채널에서는 2000년 2월에 방영을 시작한 <SBS인기가요>의 초창기 방송

분을 24시간 틀어줍니다. 2001년 데뷔한 혼성그룹 더 자두가 노래하고 2000년 데뷔한 가수 보아가 춤추는 모습을 볼 수 있었습니다.

언뜻 보면 그저 레트로라고 할 수 있는 채널인데요. 이 채널의 실시간 채팅창을 보면 뉴트로라는 사실을 금방 알 수 있습니다. '온라인 탑골공원'이라고 불린 이 채널에 괜히 '공원'이라는 단어가 붙은 것이 아닙니다. 아침 시간대에도 4천여 명이 접속하며 많을 때는 2만 명이 동시에 접속하기 때문입니다. 이 수많은 접속자들이 채팅창을 통해 영상에 전의를 가하며 레트로를 뉴트로로 바꿔놓는 진풍경이 펼쳐졌습니다. 예를 들어 가수 박진영이 노래 '난 여자가 있는데'를 부르면 다수의 네티즌이 "불륜곡"이라는 채팅을 쏟아냅니다. 데뷔 전 백댄서로 활동한 가수 비를 박진영의 무대에서 찾아낸 일부 네티즌은 "엄복동" 혹은 "UBD"(엄복동의 약자)라는 글을 적습니다. 엄복동은 흥행에 실패한 영화 <자전차왕 엄복동>에서 비가 연기한 인물입니다. 이 외에도 가수 홍경민이 노래하자 "김치마틴"이라는 단어가 쏟아져나옵니다. 김치와 가수 리키 마틴의 합성어입니다.

뉴트로의 이 같은 인기는 콘텐츠에 단순히 연관성만 있어서는 성공할 수 없으며, 연관성에 특·전·격이 더해져 증폭될 때 성공할 수 있다는 사실을 깨우칩니다. 한편, 뉴트로 콘텐츠를 만들기 위해서는 서둘러야 합니다. 레트로는 땅속에 묻혀있는 석유처럼 한정됐기 때문입니다.

# 특·전·격은
# 실화(火)에 타오른다

재미의
증폭

## Based on a true story

"실화냐?"라는 말이 유행한 적이 있습니다. "Is it based on a true story?" 영어로 하면 이 정도 되겠네요. "실화냐?"라고 물었을 때 "응 실화야"라고 대답하면 돌아오는 말은 "와 진짜?"라는 감탄사입니다.

눈을 동그랗게 뜨고 "우와~ 진짜?"하고 감탄할 때 드는 생각은 '그게 진짜 이 세상에서 실제로 일어난 일이라고?'라는 생각이겠지요. 어떤 이야기가 실화라면 그 이야기는 우리가 사는 세상과 연결되는 셈입니다. 즉, 우리와 이야기 사이에 하나의 연결고리가 생기는 것입니다. 이러한 연관성은 이야기의 특·전·격을 증폭합니다.

<미션 임파서블>에서 고장 난 비행기를 현란하게 수상 착륙시키는 장면과 실화를 바탕으로 한 <설리: 허드슨강의 기적>에서 비행기를 수상 착륙시키는 장면을 비교해보면 차이는 극명합니다. <설리: 허드슨강의 기적>에서의 착륙은 <미션 임파서블>보다 훨씬 밋밋하지만, "와 이게 실화라고?"라는 반응을 낳습니다.

주의해야 할 점은, 실화는 반드시 특·전·격에 가까운 놀라운 스토리나 독특한 소재와 함께해야 지루하지 않다는 것입니다. 증폭제는 그 자체로 흥행을 보장하지 않습니다. 특히 실화의 경우 더욱 그러합니다. 얼마나 많은 이들이 다큐멘터리에 채널을 돌리는지요. 다큐멘터리의 시청률은 대부분 그다지 높지 않습니다. 우리가 사는 세상이 곧 실화이기 때문입니다. 실화는 너무나 흔하기에 실화를 바탕으로 한 콘텐츠가 성공하기 위해서는 반드시 특·전·격에 가까운 스토리나 소재를 담고 있어야 합니다. 일례로 요즘에는 일상을 찍은 브이로그가 활발하게 제작되지요. 인기 브이로그와 그렇지 않은 브이로그를 비교하면, 특히 그 소재에 있어서 차이가 납니다. 인기 브이로그에는 굉장히 잘생긴 외모나 잘 가볼 수 없는 장소, 흔히 먹을 수 없는 음식 등 특이점이 등장합니다.

실화로 인해 증폭하는 재미를 느끼고 싶다면 클린트 이스트우드 감독의 영화들을 추천합니다. 이 거장은 <아메리칸 스나이퍼> <체인질링> <우리가 꿈꾸는 기적: 인빅터스> 등에서 특이와 전의, 격변을 담은 실화를 성공적으로 영화화했습니다. 또한, '본' 시리즈로 유명한 폴 그린그래스 감독의 <캡틴 필립스>, 존 리 행콕 감독의 <블라인드 사이드>도 추천합니다. 당연히 이 실화들 역시 특·전·격에 가까운 스토리와 소재를 담고 있습니다. 그 특·전·격이 실화를 만나서 활활 타오른 것입니다.

증폭제 2
‘공감’

# 백만 유튜버 마이린이 알려준 '공감' 눈높이를 맞춰라

두 번째 특·전·격 증폭제는 '공감'입니다. 아시다시피 공감이란 타인의 상황과 기분을 느끼는 것입니다. 콘텐츠와 시청자 사이에 공감대가 형성될 때 콘텐츠가 만드는 특·전·격은 증폭됩니다. 그런데 과연 공감대는 어떻게 해야 형성할 수 있을까요?

키즈 크리에이터 마이린을 인터뷰한 적이 있습니다. 이 유튜버는 초등학교 4학년 때부터 콘텐츠를 직접 기획하고 제작하였고, 중학교 1학년 때 100만 구독자 이상의 채널에만 주어지는 '골드버튼'을 받아냈습니다.

"재미있는 영상을 제작하는 비결이 뭔가요?"라고 물었을 때 마이린이 꼽은 영업비밀은 '공감'이었습니다.

"마이린TV가 다른 채널들과 비교해 엄청나게 웃기는 영상을 만드는 채널은 아니지만, 시청자들이 재미있게 봐주시는 까닭은 제 영상에 '공감'을 해서이기 때문 아닐까 생각하고 있습니다. 특히 일상을 찍는 영상에서, 제가 초등학생으로서 다른 초등학생들과 비슷한 뭔가를 겪고, 그 뭔가에 반응을 하잖아요. 다른 시청자들 역시 저와 비슷한 경험이 있기 때문에 영상에 공감을 할 수 있는 것 같아요."

마이린은 웬만한 어른보다 말을 잘했습니다. 그런데 마이린의 이 말을 들었을 때는 공감이 어떻게 형성되는지 정확히 와닿지 않았습니다. 제가 고개를 갸우뚱하자 곧 마이린 옆에 앉아있던 어머니께서 입을 열었습니다.

"예를 들어서 린이의 학예회 영상을 올리면, 초등학생들은 누구나 학예회를 하기 때문에 시청자분들이 '저희도 학예회 때 똑같은 노래했어요' '저는 학예회 때 뭐 할 거예요' 같은 댓글을 많이 달아요. 나의 일상과, 마이린TV에 나오는 일상이 같구나 하면서 공감을 많이 해주시는 것 같아요."

아, 그럼 공감은 곧 '비슷한 경험'을 통해 형성되는 건가? 그런데 저는 그것만으로는 설명이 부족했습니다. 당시 마이린TV의 영상 중 가장 조회수가 높은 영상은 제목 앞에 '밤 12시'라는 단어가 붙은 영상들이었습니다. 특히 "밤 12시 엄마 몰래 라면 먹기"가 가장 조회수가 높았습니다. 보통 아이들은 부모님의 잔소리 때문에 자정에 라면 먹기는커녕 깨어있는 것 자체가 불가능합니다. 그렇다면 이것도 공감할 수 있는 콘텐츠인가?

"밤 12시에 엄마 몰래 라면 먹기도 공감 때문에 인기가 많은 것으로 생각해요?"라고 묻자 마이린은 고민하지 않고 대답했습니다.

"그런 영상 역시 공감 때문이라고 생각해요. 제 또래 시청자분들은 라면을 좋아하지만, 엄마에게 '라면 먹지 말라'는 소리를 많이 듣잖아요. 그리고 밤 12시라는 단어도 초등학생들이 많이 좋아하거든요. 이런 키워드들이 공감을 얻어서 조회수 800만의 영상이 탄생한 것 같아요."

저는 실수하고 있었습니다. 공감을 반드시 경험과 엮으려 했던 것입니다. 당연히 경험한 것에 공감할 가능성이 높겠지만, 공감은 경험

여부와는 큰 관련이 없습니다. 우리는 드라마를 보며 직접 겪어보지도 않은 장면들에 울고 웃지 않습니까.

우리는 무언가를 경험해보지 않고도 마치 그것을 경험해본 것처럼 공감합니다. 그것이 우리가 경험해보지 않아도 어떤지 잘 아는 이야기, 즉 우리의 눈높이에 맞춰진 이야기이기 때문입니다. 가령 우리는 교수님의 말보다 친구의 말에 더욱 공감합니다. 밤 12시에 엄마 몰래 라면 먹는 영상에 수많은 어린이 시청자들이 공감한 이유 역시 그것이 초등학생 마이린의 시선에서 제작됐기 때문입니다.

공감(共感): 한가지 공, 느낄 감.

여기서 '한가지'는 눈높이입니다. 타깃 시청자와 눈높이를 맞추고, 그 눈높이에서 보이는 무언가를 이야기하면 공감대가 형성됩니다. 그 공감대 안에서 시청자와 콘텐츠는 보이지 않는 하나의 끈으로 연결되는 셈입니다. 따라서 콘텐츠에서 특·전·격이 일어나면 그 효과는 증폭됩니다.

# "가장 밑바닥에서 얘기하라"
# 김미경

더 많은 이들이 공감하게 하려면 어떻게 해야 할까요? 말을 바꿔서, 더 많은 이들과 눈높이를 맞추려면 어떻게 해야 할까요? 크리에이터들은 무엇보다 '쉽게 말하라'고 말합니다.

"스토리텔링에서 가장 중요하다고 생각하는 점은, 사람에게 공감을 얻어내기 위해서는 땅바닥에서 이야기해야 한다는 거예요. 가장 낮은 데서 이야기해야 해요. 다시 말하면 쉽게 얘기해야 한다는 거죠. 어려운 말을 하면 아무도 공감하지 못해요. 사람마다 알고 있는 정도가 다른데, 누구나 공감하게 하려면 가장 밑에서 이야기해야 하죠. 저는 아무리 어려운 주제라고 해도 많은 사람들이 경험했음 직한 가장 쉬운 에피소드를 고르고, 말하는 방식, 말투, 표정, 이야기 전개 방식 등 제일 쉬운 스토리텔링을 구사하려고 애써요."

28년 차 스타강사이자 100만 구독자를 보유한 유튜버 김미경과의 인터뷰에서 "사람을 홀리는 스토리텔링의 비결"이 무엇인지 물었을 때 나온 대답이었습니다. 누구보다도 재미있는 강의로 유명한 김미경이 스토리텔링 비결로 꼽은 것도 공감이었습니다. 그리고 그 공감의 비결은 "많은 사람들이 경험했음 직한 가장 쉬운 에피소드를 고르는 것", "제일 쉬운 스토리텔링을 구사하는 것"이었습니다.

김미경은 공감하게 할 줄 아는 사람이었습니다. 지금까지 인터뷰한 적지 않은 유명인 중에서 질문에 대한 답을 그렇게 이해하기 쉽게 하는 사람은 없었습니다. 어려운 내용을 그저 쉽게 말하는 것을 넘어 청자에게 커스터마이징해서 말한다는 느낌이었습니다. '나도 그런 비슷한 일이 있었지.' 그의 말은 듣는 이로 하여금 개인적인 경험을 상기시켰습니다.

"재능인가요?"라고 물었는데, 김미경은 겸손했습니다. 그는 한 시간짜리 강연은 한 달을, 몇 분짜리 유튜브 영상은 일주일을 준비한다고 했습니다. 가장 밑바닥에서 이야기하기 위해, 더 많은 사람들이 공감하게 하기 위해 정말 많은 노력을 하고 있었습니다.

강연으로만 채워진 그의 유튜브 채널 구독자 수가 100만을 넘는다는 사실, 보통 책을 다루는 콘텐츠는 조회수가 저조하지만, 그가 제작하는 북드라마 콘텐츠에 소개된 책은 높은 확률로 대형서점 베스트셀러 목록에 오른다는 사실은 김미경이 만드는 공감의 힘이 얼마나 큰지 증명하는 지표입니다.

더 많은 이들과 눈높이를 맞추려면 낮은 곳에서 이야기해야 합니다. 키 큰 사람과 눈을 맞추려면 부자연스럽게 머리를 들어야 하지만 어린아이와 눈을 맞추기는 아주 자연스럽고 쉽기 때문입니다.

# 나태주 시인의 꽃향기 제조 비법

나태주 시인과의 인터뷰를 회상하면 지금도 행복합니다. 등단 50주년을 맞이한 시인은 저에게 그냥 길바닥에 앉아서 인터뷰하자고 했습니다.

그때의 질문 하나가 기억납니다.

"백합꽃 향기 너무 진하여 저녁때/대문이 절로 열렸네." (산책 中) 나태주 시인의 시에서는 꽃향기가 나고, 어느 순간 독자의 마음은 열립니다. 마음을 여는 꽃향기, 제조 비법은?

제가 묻자 대한민국에서 가장 유명한 시인은 이렇게 답했습니다.

"그 시 알아보는 사람 많지 않아요. 대문, 산책, 백합꽃은 서로 관계가 없어요. 더군다나 백합꽃 향기가 대문을 열었다는 것도 말이 안 돼요. 백합꽃은 시각, 향기는 후각이에요. 근데 이 후각이 액션을 한 거예요. 문을 연 거죠. 이건 인간만이 할 수 있는 아름다운 상상이에요.”

멀리 떨어진 것들의 연결은 창의적입니다. 앞서 시를 전의(轉意)라고 설명한 것을 기억하십니까. 백합꽃 향기가 문을 여는 일은 분명 고정관념을 깨는 것입니다.

그리고 시인은 이어서 이렇게 말했습니다.

“마음을 여는 꽃향기의 제조 비법은, 내가 먼저 열려야지요. 제가 낮아지고, 부드러워지고, 촉촉해지고, 어려지고. 그래야 열려요. 공자님 말씀에 회사후소(繪事後素)라는 게 있어요. 종이를 하얗게 한 다음에 그려라. 5,000페이지 빼곡한 시를 갖고 있으면 그림 못 그려요. 다 비우고, 빈 종이를 갖고 써야 해요. 흰 종이가 있어야 그림을 그릴 수 있다. 마음을 지워야, 열어야 독자의 마음을 열 수 있어요. 무릎 꿇고, 절하고, 내려앉고, 우러러봐야 해요.”

나태주 시인은 우리나라 시인 중 가장 쉬운 시를 씁니다. 나 시인의 시는 문자를 읽을 수 있는 사람이라면 누구나 쉽게 공감할 수 있습니다. 그래서 누군가는 비판하지만, 그렇기에 가장 인기가 많습니다.

김미경도, 나태주도, 가장 밑바닥에서, 가장 쉽게 이야기함으로써 더

많은 마음의 문을 여는 것입니다.

# 낙서는 예술이 된다
# 키스 해링

키스 해링은 가장 쉬운 그림인 낙서를 예술화한 예술가입니다. 해링은 낙서는 낙서고 예술은 예술이었던 시절 회색지대를 만들어냈습니다. 그의 낙서들은 예술이라고 할 만큼 예뻤고 해링은 그 예쁜 낙서에 의미를 부여했습니다. 미술관에 걸린 고급스러운 예술들과 마찬가지로 말이지요.

해링이 낙서 예술을 전시한 곳 역시 당시 예술들이 전시된 곳과 달랐습니다. 뭇 낙서가 그렇듯, 해링의 예쁜 낙서들이 전시된 곳은 지하철과 길바닥, 담벼락 포스터 등 일상의 장소였습니다.

당시에는 오늘날과 같이 일상에서 예술을 볼 수 없는 시대였습니다. 낙서인가 예술인가? 낙서라기엔 너무 예쁘고 어떤 의미도 담긴 것 같다. 그런데 이게 예술이라면 왜 여기 있지? 대중은 당혹하고 집중했습니다.

"해링의 이미지는 보편적이면서 특이했다. 그는 모든 사람이 공감할 수 있는 그림들을 제작했고 공감할 수 있는 언어를 사용해 예술을 해석하는 창조적인 방법을 모색했다." 2019년 DDP에서 열린 키스 해링展에 적혀있던 글귀입니다.

해링은 이렇게 말했습니다. "다시 말해 이는 내가 디자인한 작품들을 어디에든지 둘 수 있다는 또 다른 예술적 발언이다. 이러한 실험적 프로젝트를 통해서 상업예술, 순수미술과 같이 규정지어진 벽들을 허물고 싶다. 지하철 드로잉도 같은 생각의 발로였다." 그의 이 말에는 많은 것이 담겨있습니다.

공감대는 더 많은 사람과 눈높이를 맞출수록 확장됩니다. 김미경, 나태주와 마찬가지로 해링 역시 더 많은 사람과 눈높이를 맞추기 위해 가장 낮아진 것입니다. 그는 누구나 일상에서 마주하는 친숙한 장소에 5살짜리 아이도 잘 아는 낙서라는 형식을 취한 예술을 배치했습니

다. 낙서의 예술화. 그것은 넓은 공감대를 바탕으로 강화된 특이(特異)
였습니다.

당신이 키스 해링 展을 놓쳤더라도 그렇게 실망은 마시길. 아마 큰
감동은 없었을 것이기 때문입니다. 해링의 예술이 형편없다는 의미가
아닙니다. 파퓰러 아트(팝아트 Popular Art)의 전성기를 이끈 예술가 키스
해링이 1991년 세상을 떠난 후 '해링스러운' 예술은 흔해졌습니다. 더는
특이가 아닐 정도로 말이지요. 바꿔 말하면, 과거 해링을 비롯한 팝아
트 예술가들이 만든 특이는 이제 세상 어디에나 존재합니다. 어떤 특
이는 이렇게 세상을 뒤집어버립니다.

# '아싸' 스파이더맨,
# 그리고 슬기로운 의사들이 만든 '공감'

한때 인싸와 아싸를 나누는 것이 유행이었는데요. 인싸가 많을까요, 아싸가 많을까요? 학창 시절을 돌아보면, 앞에 나가서 무리의 주목을 받는 사람은 3,40명 중에서 한두 명 정도입니다. 대부분은 주목받지 못하는 아웃사이더입니다.

가면을 벗은 스파이더맨, 피터 파커의 삶을 돌아봅시다. 파커 역시 대부분의 사람들과 마찬가지로 아싸입니다. 그래서 그가 바라보는 세상은 대부분의 시청자가 바라보는 세상과 같습니다. 그의 지질한 삶도 대부분의 시청자가 잘 아는 아싸의 삶입니다.

대부분의 사람들이 아싸인 만큼, 더 많은 공감은 아싸의 눈높이

에서 일어납니다. 가면을 벗은 스파이더맨이 아싸의 삶을 살 때 영화
는 더 많은 시청자와 눈높이를 맞추고, 더 많은 공감대가 형성됩니다.
그런 '다수의 공감' 상태에서 쿨해진 파커가 가면을 쓰고 날아오르는
격변이 일어나는 것입니다.

2020년 상반기 화제작 <슬기로운 의사생활>은 여러모로 <스파이
더맨>과 비슷했습니다. 이 드라마에서 의사들은 일할 때는 스파이더
맨처럼 완벽하지만, 업무 외적으로는 파커처럼 조금 모자라 보입니다.
수술실 안에서는 알아들을 수 없는 의학용어를 사용하며 냉정하고
완벽하게 사람을 살리는 존경받는 의대 교수들이지만, 수술실 밖에서
는 허술하기 짝이 없는 아싸의 모습을 보입니다. 나이 40이 넘어서 서
로의 머리채를 잡고 싸우기도 하지요. 드라마는 생사가 달린 위급상황
마다 반전을 보여줍니다. 스파이더맨이 위기상황에서 격변을 만들어
내는 것처럼 말이지요.

한편, '응답하라' 시리즈 등 신원호 PD가 제작한 여러 드라마의 캐
릭터들과 스파이더맨은 또 다른 공통점이 있습니다. 능력이 아주 뛰어
나지만, 굉장히 성숙하고 동시에 바보 같다고 할 만큼 따뜻하고 순수
하다는 점입니다. 능력, 성숙, 순수. 좀처럼 어울리지 않는 세 가지를 동

시에 갖춘, 만화에 등장할 법한 캐릭터의 집합은 신원호 드라마의 특

이점입니다.

# 퀸, "모두가 자기 노래라고 생각하는 노래를 불러라"

"Mama, ohh~ I don't wanna die. I sometimes wish i'd never been born at all"

"엄마, 죽기 싫어요. 어떤 때는 내가 태어나지 않았으면 좋았겠다고 생각해요." 그룹 퀸의 노래 '보헤미안 랩소디'에서 곧 형장의 이슬로 사라질 청년이 쏟아내는 절규입니다.

"어떤 때는 태어나지 않았으면 좋았겠다고 생각해." 그런데 어쩐지 이 말은 우리가 언젠가 한 번씩은 다 해봤던 말이 아닌가요? 혼자서 중얼거렸든, 사춘기 반항으로 부모님께 했든 말이지요. 가사도 참 쉽습니다. Mama, I don't wanna die. I sometimes wish i'd never been born at all. 기본적인 문법만 배우면 해석할 수 있는 쉬운 문장.

2018년 세계적으로 크게 흥행한 영화 <보헤미안 랩소디>에서 퀸 멤버들이 모여 있는 중에 누군가 말합니다.

"우리 노래는 모두가 자신의 노래라고 생각하게 하는 노래."
"포뮬러(공식)에서 벗어난 노래."

"모두가 자신의 노래라고 생각하게 하는"이 공감대를 형성하려는, 즉 눈높이를 맞추려는 시도라면, "포뮬러에서 벗어난 노래"는 보통에서 벗어나 특이(特異)를 만들려는 시도를 의미합니다.

세계적인 인기곡 '보헤미안 랩소디'는 이러한 원칙을 바탕으로 만들어졌습니다. 퀸의 멤버들은 누구나 이해할 수 있는 쉬운 언어로, 누구나 해봤음 직한 말로, 곧 형장에서 사라질 소년의 심정을 표현합니다. 그렇기에 청자와 소년의 눈높이는 맞춰집니다. 그리고 그렇게 공감대를 형성한 후에는 포뮬러에서 벗어난 파격을 만들어냅니다. 록인 줄 알았던 노래는 곡이 전개되며 오페라로 변신하고 다시 록으로 변화합니다. 곡의 길이가 무려 6분에 달하는, 당시에도 그렇고 오늘날에도 '보통'에서 벗어났다고 평가받는 특이한 시도였습니다. 그렇게 공감에 의해 증폭된 특이는 영국을 넘어 전 세계를 당혹하고 집중하게 했습니다.

# 증폭제 3
## '불안정성'

# 눈을 감고 타는 롤러코스터는
# 그다지 무섭지 않다

몸이 묶인 상태에서 눈을 감고 있다고 상상해보세요.

그런데 갑자기 팔이 가렵습니다. 좋지 않은 느낌에 내려다보니,

헉,

딱 봐도 위험해 보이는 빨간색 거미가 붙어있습니다.


이제는 반대로,

몸이 묶인 상태에서 눈을 뜨고 있다고 상상해보세요.

그런데 1m쯤 떨어진 곳에서 빨간 점이 보입니다. 어? 움직이네요.

자세히 보니 거미입니다. 다가오고 있습니다. 한 발, 한 발 다가옵니다.

저리 가, 저리 가, 몸부림쳐보지만…

손등을 타고 올라옵니다.

안심하십시오.

이제는 놀이공원입니다.

당신은 눈을 감고 있습니다. 아마 놀이기구 위인가 보네요. 올라가는 듯합니다.

그리고 곧 추락하는 느낌이 듭니다. 관성에 의해 쏠리는 몸과 불어오는 바람만 느껴질 뿐. 그다지 당혹스럽지 않습니다.

다시, 이번에는 눈을 뜨고 타봅니다. 롤러코스터가 75도 각도로 올라가기 시작합니다.

잠깐, 끝까지 눈을 감지 않습니다.

옆을 바라봅니다. 발아래 모든 것이 까마득합니다.

통,

'꺅!' 수직으로 낙하를 시작합니다.

거미가 팔에 붙든 롤러코스터가 추락하든, 눈을 감고 있을 때보다 뜨고 있을 때 당혹감과 집중도는 훨씬 큽니다. 눈을 뜨고 있을 때는 '곧 충격적인 변화가 일어날지도 모른다는 강한 예감'이 생기기 때문입니다.

콘텐츠에서도 마찬가지입니다. 불안정성이 조성된 상태에서는 사소한 변화에도 시청자의 당혹감과 집중이 일어날 수 있고, 특·전·격이 발생하면 그로 인한 당혹감과 집중은 증폭됩니다.

가령 드라마 <밀회>에서 카메라는 중요한 무대에서 열정적으로 피아노를 치는 유아인의 모습을 비추다가 뜬금없이 피아노 안을 비춥니다. 누군가 무대를 방해라도 하려 했는지, 피아노 사운드보드 위에 손수건이 하나 놓여있습니다. 이 손수건은 결과적으로 아무 영향이 없었지만, 때때로 비춰지는 이 손수건으로 인해 시청자는 단지 유아인이 피아노를 치는 장면일 뿐인데도 당황하고 집중했습니다. 손수건은 불안정성 유도 장치였습니다.

다시 <곡성>과 <사바하>로 돌아와서, 두 영화의 가장 강렬한 특이점 중 하나였던 굿은 그 위치가 달랐습니다. <사바하>는 영화의 도입부에, <곡성>은 절정부에 굿을 배치했습니다. 그래서 똑같은 굿이었지만 <곡성>의 굿이 더 효과적이었습니다. 발단-전개-위기-절정-결말을 롤러코스터 레일에 비유하면 절정부는 가장 높은 곳에 위치합니다. 그곳은 '곧 충격적인 변화가 일어날지도 모른다는 예감'이 가장 크게 드는 지점입니다. 그러니깐, 불안정성이 가장 커지는 곳이었기에 <

곡성>의 굿이 <사바하>의 굿보다 더 큰 당혹감과 집중을 일으킨 것입

니다.

# 복선과 반전, 그리고 맥거핀

**복선: 앞으로 일어날 사건을 넌지시 알리는 장치**

**반전: 일의 형세가 뒤바뀜**

당신이 만약 방송국 PD를 지망해 작문 시험을 준비한다면 반전에 신경 쓰라는 말을 많이 듣게 될 것입니다.

반전이 매력적인 까닭은 그것이 만들어내는 변화의 폭이 커서 깊은 인상을 남기기 때문입니다. 반전은 보통 맨 뒤에 나옵니다. 그리고 제대로 된 반전이라면 앞선 이야기와 긴밀히 연결됩니다. 그래서 만약 반전이 성공한다면 앞선 이야기를 모두 뒤집어버립니다. 도미노 하나가 넘어지면 나머지 도미노가 모두 넘어지듯, 반전이 일어나면 콘텐츠

속 많은 것이 급격하게 변화합니다.

반전을 만들어내기는 결코 쉽지 않습니다. 유효한 반전을 만들어냈다는 의미는 적어도 글쓴이가 그 글을 완전히 통제하고 있으며 또 그 글을 객관적인 눈으로 보고 있다는 의미입니다. 채점자들은 좋은 반전에서 좋은 PD의 덕목을 찾아낼 수 있습니다.

제가 일하는 신문사의 대표는 월간 회의 때 전 직원 앞에서 어떤 연설을 하다가 늘 마지막에 "지금까지 얘기한 거는 다 뻥이었고요"라고 말했습니다. "지금까지 얘기한 거는 다 뻥이었고요"의 뒤에는 항상 가장 중요한 이야기를 했죠. 연설의 중반부부터 직원들은 지루해지기 마련인데 대표가 이 말을 하면 모두가 다시 집중해 마지막 말만은 확실히 새겨들을 수 있었습니다. 좋은 반전이라고는 할 수 없지만, 어쨌든 당혹과 집중을 유발하는 장치였습니다.

한편, 반전은 복선과 함께하면 그 효과가 더욱 커집니다. 복선이 불안정성을 형성하기 때문입니다. 예를 들어 드라마 <동백꽃 필 무렵>에는 마을에 '까불이'라는 연쇄살인마가 살인을 저지르고 다닌다는 소문이 돕니다. 그리고 극 중 주인공 동백의 엄마 정숙은 '엄마에게 하나도 받은 게 없다'고 불평하는 동백에게 뜬금없이 비장하게 "내가 꼭 하나는 주고 갈게"라고 말합니다. 동백의 가게에서 일하는 향미에게는 갑자기 "너 까불다가 죽어"라고 말합니다. 정숙의 이런 대사를 듣는 순간 시청자는 그것이 복선일 수 있음을 인지합니다. PD가 정숙의 이러한 뜬금없는 대사를 의도적으로 강조했기 때문입니다. PD의 의도는 시청자로 하여금 무언가 일어날 것만 같은 불안한 기분을 느끼게 하는 것이었습니다.

정숙의 대사가 형성한 불안정성 때문에 시청자는 정숙과 향미가 마주한 사소한 사건조차도 크게 느끼게 됩니다. 당연히 그러한 불안정성 속에서 작은 변화를 넘어서는 특·전·격이 일어나면 시청자는 그 특·전·격을 더 크게 느끼게 됩니다. 비유하자면, 귀신의 집 안에서 마주한 귀신 탈과 밖에서 마주한 귀신 탈이 주는 충격이 다른 것과 마찬가지입니다. 귀신의 집은 그 입구에서부터 불안정성을 형성하기 때문에 귀신 탈로 인한 당혹감을 증폭합니다.

한편, 복선은 처음 봤을 때는 그것이 복선임을 알 수가 없다는 의견도 있습니다. 물론 반전이 일어나고서야 "아 그게 복선이었구나"하는 복선도 더러 있습니다. 그러나 대부분의 콘텐츠에서 복선은 의도적으로 강조되기에 보통은 쉽게 알 수 있습니다. 등장인물에게 맥락에 다소 맞지 않는 대사를 하게 하거나, 다소 흐름에서 벗어난 장면을 끼워 넣는 식으로 제작자들은 복선을 연출합니다. 그렇게 함으로써 불안정성이 형성됨을 알기 때문입니다.

일부 콘텐츠에서는 어떤 장면을 복선인 것처럼 보여주다가도 복선으로 활용하지 않기도 합니다. 그것을 맥거핀이라고 부릅니다. 맥거핀은 영화 <곡성>에서 아주 잘 활용됐는데요. 이 영화에서 결과적으로 아무 역할을 하지 않는 물건이 길게 비춰지는 장면과, 맥락에 맞지 않는 의미 없는 행동이나 말이 어떤 감정을 형성하는지 주의 깊게 느껴보길 바랍니다. 맥거핀은 복선은 아니지만, 복선과 마찬가지로 불안정성을 형성하는 도구입니다.

# A.D. ASTRA,
# '진짜' 우주가 만들어내는 불안정성

우주를 배경으로 하는 영화는 <그래비티>가 개봉한 2013년을 'A.D. ASTRA'라고 하고 그 전과 후로 나눌 수 있을 만큼 크게 달라졌습니다.

과거 <스타워즈>나 <스타트렉>과 유사한 우주 영화들이 우주를 판타지적인 공간으로 묘사한 것과 달리, 우주 영화는 이제 관객에게 '실제' 우주를 간접 체험하는 경험을 선사하고 있습니다. 과거에는 인류가 우주를 잘 몰랐고, 이제는 잘 알기 때문입니다.

2013년 <그래비티>가 개봉했을 당시 관객들에게는 <그래비티>의 실제 우주가 그 자체로 놀라움의 대상이었습니다. 그러나 이제 사실적인 우주 공간은 흔해졌고 그저 불안정성을 조성하는 장치로 전락했습니다.

"우주에선 뜻대로 되는 게 아무것도 없어. 어느 순간 모든 게 틀어지고, '이제 끝이구나' 하는 순간이 올 거야. '이렇게 끝나는구나.' 포기하고 죽을 게 아니라면, 살려고 노력해야 하지. 그게 전부다. 무작정 시작하는 거지. 하나의 문제를 해결하고, 다음 문제를 해결하고, 그다음 문제도. 그러다 보면 살아서 돌아오게 된다." (영화 '마션' 中 마크 와트니 대사)

와트니의 말에 A.D. ASTRA 이후 제작된 우주영화의 많은 것이 담겨 있습니다. '진짜' 우주는 언제 어디서 무슨 일이 일어날지 모르는 불안정한 공간입니다. 가령 <스타워즈> 시리즈에서는 캐릭터들이 우주 어느 행성에서든 우주복을 입지 않은 채 자유자재로 전투를 벌입니다. 이 영화에서 우주는 오히려 더 자유로운 공간이었습니다. 그러나 <인터스텔라>나 <그래비티> <마션> <애드 아스트라>에서 만약 그랬다가는 등장인물들이 맞이하는 것은 갑작스러운 죽음뿐입니다.

이제 우주는 화려한 전투가 벌어지는 공간이 아닌, 살아남아야 하는 지뢰밭입니다. 우연히 우주복에 조그마한 구멍만 뚫려도, 뜬금없이 어디선가 날아온 파편에 부딪혀도, 갑자기 일어난 우주 폭풍에 휩쓸려도, 복잡하고 예민한 우주선을 살짝만 잘못 건드려도 등장인물들은 순식간에 죽어버립니다. 지구에서는 상상할 수 없는 일들이 등장인물들을 덮치고, 관객은 이러한 일들이 언제 어디서 벌어질지 예측할 수 없습니다. 불안정성이 공간 자체로 형성되는 것입니다.

한편, 우주는 스티븐 킹이 그의 소설 속 주인공을 끊임없는 곤경에 빠뜨리듯 계속해서 문제들을 던져줍니다. 마크 와트니가 말했듯, 하나를 해결하면 또 하나가 일어나는 그런 문제들 말이지요. 그 문제들은 관객이 실제 우주에서 생길 수 있는 문제들에 익숙해지지 않는 이상 계속해서 당혹감과 집중을 일으킬 것입니다.

# 〈기생충〉이 칸과 아카데미를
# 동시에 휩쓴 이유

〈기생충〉이 무엇보다 놀라운 것은 64년 만에 황금종려상과 아카데미 작품상을 동시 수상한 영화라는 사실입니다. 예술성에 더 높은 점수를 주는 황금종려상과 대중성에 상대적으로 더 많은 비중을 두는 아카데미 작품상을 함께 받았다는 것은 〈기생충〉이 예술성과 재미를 동시에 잡았다는 의미였습니다.

봉준호 감독 영화의 예술성은 많은 부분 상징을 이용해 사회를 꼬집는 데 있습니다. 가령 〈살인의 추억〉에서는 시민을 위험에 방치하는 무능한 사회 시스템을 비판했고, 〈괴물〉에서는 미국을 비판했습니다. 〈설국열차〉는 계급문제를 꼬집었습니다.
〈기생충〉은 같은 주제의 다른 영화들에서는 볼 수 없던 새로운 관점을 통해 계급문제를 드러냈습니다. '부자=악, 빈자=선'으로 구분해 부자와 빈자의 갈등을 그려온 여타 영화들과 달리 이 영화에서 부자와 빈자는 선하지도 악하지도 않습니다. 그리고 서로 갈등하지도 않습니다. 다만, 영화가 확실히 그려낸 것은 빈자와 빈자 간의 싸움이었습니다. 부자에게서 떨어지는 콩고물을 조금이라도 더 얻기 위해 가지지 못한 자들끼리 치열하게 반목하는 장면들이었습니다.

그러나 봉 감독은 <기생충>의 언론배급시사회에서 "이번에는 오히려 상징을 피해 보려고 애를 썼다" "상징의 기호를 촘촘히 숨겨놓으려는 의도는 없었다"고 말했습니다. 봉 감독의 말처럼 <기생충>의 강점은 상징이 아닌 다른 곳에 있습니다.

엔딩크래딧이 다 올라갈 때까지 관객 대부분이 자리에 앉아 있게 한 <기생충>의 재미는 불안정성에서 나왔습니다. 영화가 어느 순간부터 관객의 당혹감과 집중을 모으기 시작했는지 떠올려보길 바랍니다. 이 영화의 불안정성이 불붙은 시점은 바로 이선균 가족(이하 부자 가족)이 캠핑을 떠나고부터였습니다. 이때부터 비가 억수같이 내리고, 송강호 가족은 부자 가족의 집에 몰래 숨어 들어가 신나게 술판을 벌입니다. 그리고 카메라는 부자 가족의 걱정하는 표정을 담습니다. 언제든지 부자 가족이 운전대를 돌려 집으로 돌아오는 일이 일어날 수 있겠다는 불안감이 들게 합니다.

더 큰 비가 내리고, 송강호 가족이 만취해 더 큰 술판을 벌이면서 불안정성은 더욱 고조됩니다. 부자 가족이 언제 돌아와도 이상하지 않은 불안정한 상황, 롤러코스터가 끝없이 하늘로 올라가는 상황에서

'띵동'

벨이 울리며 한차례 격변이 일어납니다. 가족의 흥겨운 술판을 깨고 관객의 소름이 돋게 한 이 격변은 여태 조성된 불안정성을 안고 더욱 그 낙차가 커졌습니다.

그러나 다행인지 불행인지, 이 첫 번째 '띵동'은 부자 가족이 돌아온 것은 아니었습니다. 벨을 누르고 집 안으로 들어온 불청객은 주인공 가족과 싸우기 시작합니다. 집안은 더욱 난장판이 되고 그 사이 빗줄기는 더욱 심해집니다. 관객이 느끼는 불안감은 더 커집니다. 불안정성은 더욱 커집니다. 그리고

'띠리리리리'

전화벨이 울립니다.

부자 가족이 8분 내로 집에 도착한다는 전화였습니다. 그동안 감독이 조성해놓은 불안정성 덕분에 이 격변은 더욱 낙차 크게 떨어지며 관객에게 큰 당혹감을 일으켰습니다.

영화는 이후로도 계속해서 비슷한 불안정성을 조성합니다. 예컨대 부자 가족이 잠 든 사이 송강호 가족이 몰래 빠져나오는 시퀀스는 언제 끓어오를지 모르는 물처럼 굉장히 불안정합니다. 특히 <기생충> 불안정성의 중심축이라고 할 수 있는 장치는 지하실입니다. 부자 가족은 모르고 송강호 가족은 아는 이 지하실에는 송강호 가족의 비밀을 부자 가족에게 일러바칠 가능성이 있는 존재가 상존합니다.

349

이렇게 불안정성으로 인해 극대화된 격변은 엄청난 당혹감과 고도의 집중을 만들어냈습니다. 그리고 그 집중이 관성처럼 이어져 관객은 엔딩크레딧을 거의 다 볼 때까지 넋을 놓고 극장에 앉아있었습니다.

한편, 저는 이 영화의 상징이 '불안정성' 그 자체에 있다고 생각합니다. 부자 가족의 시종일관 편안하고 여유로운 모습과 송강호 가족과

지하실 가족의 불안한 표정은 빈부 격차가 큰 이 사회의 자화상이 아

닐까 생각해봅니다.

# 이런 스포일러는 칭찬해…
# 샤를 페로와 〈또 오해영〉의 사망예고

"오랑트는 칼리스트가 초췌해 보인다든지 안색이 창백하다든지 눈이 때꾼하면, 그 즉시 바른말을 하지 않고는 못 배겼다. 그런 정직함은 사실 그다지 예의 바른 행동은 아니었다. 결국, 오랑트는 그 정직함으로 인해 호된 대가를 치르게 된다. 바로 사랑하는 이(칼리스트)의 손에 죽음을 맞게 되니까."

위의 문장은 『잠자는 숲속의 공주』, 『신데렐라』, 『장화 신은 고양이』의 원작자이자 17세기 프랑스를 대표하는 비평가 샤를 페로의 성인 동화 『거울이 된 남자』에 나오는 '사망 예고'입니다. 이 천재적인 이야기꾼은 동화의 3분의 2 지점에 이렇게 미리 결말을 말해줍니다. 독자는 당연히 갑작스러운 이야기에 깜짝 놀라게 됩니다. "도대체 왜?" 이전까지 페로는 칼리스트와 오랑트의 완벽한 사랑을 그려냈기 때문입니다.

이러한 스포일러 아닌 스포일러는 그 자체로 당혹감을 일으키는 동시에 불안정성을 생성하는 장치가 됩니다. 독자는 이후 언젠가 어떤 식으로든 오랑트나 칼리스트의 신변에 큰 변화가 일어날지도 모른다는 불안감에 노심초사하게 됩니다. 그리고 이후 등장하는 어떤 장면이든 당혹하고 집중하게 됩니다. 상승하는 롤러코스터에 타고 있는 사람이 미약한 흔들림에도 당혹하고 집중하듯 말입니다.

한편, 샤를 페로의 사망 예고와 같은 방식의 불안정성 조성을 통해 성공한 대표적인 사례로는 2016년 방영해 큰 인기를 끈 드라마 <또 오해영>이 있습니다. 이 드라마의 작가는 주인공 박도경(에릭)에게 이따금 충격적인 미래를 보게 합니다. 가령 박도경은 전혀 예상치 못한 순간에 자신이 죽는 모습이나 이별의 장면을 미리 목격하는데요. 이는 페로의 사망 예고와 마찬가지로 그 자체로 충격적인 동시에 시청자의 불안정성을 형성했습니다.

시청자는 박도경이 처한 상황이 급변하는 계기가 언제 어디서든 일어날지 모른다는 생각에 노심초사하며 이어지는 장면들에 당혹하

고 집중했습니다. 박도경의 미래안은 마지막 회까지 끊임없이 불안정
성을 조성하며 시청자를 당혹과 집중으로 몰아넣었습니다.

# 동접자 300만명 배틀그라운드,
# 그 불안정성의 향연

게임업계에도 불안정성을 잘 활용해서 흥행한 사례들이 있습니다. 2017년 출시돼 한때 동시접속자 수 300만 명을 기록한 게임 '배틀그라운드'(이하 배그)가 대표적입니다.

배그는 가진 것은 속옷밖에 없는 게이머 100명이 외딴 섬에 떨어지고, 전투에 필요한 아이템을 모아 마지막 한 명이 될 때까지 싸우는 게임입니다. 시간이 흐를수록 게이머들이 활동할 수 있는 범위는 좁아집니다. 캐릭터들을 둘러싼 자기장의 크기가 줄어들면서 캐릭터들을 어느 한 곳으로 모으기 때문입니다.

살아남는 게 관건인 이 게임에서 중요한 것은 무엇보다 '운'입니다.

아무리 실력이 좋아도 적들은 너무나 많고 언제 어디서 튀어나올지 모르기 때문입니다. 좋은 장비를 모아도 달랑 권총 한 자루 든 참가자가 뒤에서 노린다면 어쩔 수 없이 죽게 됩니다. 갑자기 근처에서 폭탄이 폭발해 죽기도 합니다.

아무리 실력자라 할지라도 이 게임에서 1등을 하기는 매우 어렵습니다. 실제로 배그를 플레이하는 많은 인터넷 방송인들이 최후의 1인이 되는 장면은 정말 보기 힘듭니다. 반면, 아무리 실력이 형편없는 참가자라도 게임 내내 잘 숨어 다니면 최후의 1인이 될 가능성도 있습니다. 그래서 일명 '배틀그라운드 존버' 콘텐츠도 생겼습니다. 무기 하나 안 들고 그저 숨어서 버티며 높은 순위에 오르는 장면을 보여주는 콘텐츠입니다. 실력과 등수가 비례하는 여타 게임들과 배그의 차별점입니다.

이 게임은 한 번이라도 직접 해보는 게 가장 좋습니다. 게임이 조장하는 극도의 불안정성을 직접 느껴보고 싶다면 말입니다. 게임이 시작하자마자 플레이어의 집중력은 극도로 높아집니다. 자신을 노리는 플레이어가 어느 곳에 숨어있을지 당최 모르는 상태에서 무기를 습득해야 하기 때문입니다. 극도의 불안정성 속에서 플레이어는 문을 열면 나

오는 마네킹들에도 당혹하게 됩니다. 상상해보세요. 사방이 바다로
둘러싸인 외딴 섬에 99명의 사람들과 함께 떨어졌는데, 그 사람들의
목표가 모두 마지막 1인이 되는 것이라면... 소설(혹은 영화) 『헝거게임』을
봤다면 그와 비슷하다고 생각하면 됩니다.

혹자는 이 게임의 성공 원인을 "단 몇 분의 시간 동안 아이템을 모
아 성장하는 재미를 즐길 수 있어서"라고 분석했지만 이는 정확하지
않습니다. 물론 RPG게임처럼 좋은 무기를 모으며 성장을 즐기려는 사
람도 있을 수 있지만, 배그에서 그러한 성장은 큰 의미가 없습니다. 아
무리 좋은 장비를 갖춰도 다른 플레이어가 먼저 보고 총으로 쏴버리면
무용지물입니다. 이 게임의 성공 요인은 지금까지 어떤 게임에도 없었
던 높은 불안정성입니다.

한편, 제92회 아카데미 시상식에서 <기생충>과 경쟁한 샘 멘데스
감독의 <1917>은 배그와 아주 비슷한 불안정성을 조성합니다. 영화 전
체를 하나의 롱테이크처럼 보이게 촬영·편집한 영화인데요. 두 병사가
노심초사하며 적진으로 기어들어가는 모습을 마치 배그 플레이 화면
처럼 끊김 없이 보여주면서 시종일관 불안정성을 조성합니다. 영화의
첫 번째 격변은 적군이 파 놓은 땅굴에서 부비트랩이 터질 때 일어납

니다. 강한 불안정성이 형성된 상태에서 이 폭발은 관객의 턱을 떨어뜨렸습니다.

# 증폭제 4
## '결핍'

# 〈안녕하세요〉가 건드린
# 차별 본능

뇌과학자들은 인간의 뇌가 결핍된 무언가에 집중한다고 말합니다. 배가 고프면 음식과 관련된 단어들이 먼저 들리고 먹고 싶은 음식을 생각하게 되는 것처럼 말이지요. 따라서 당연히 어떤 콘텐츠가 결핍을 건드리면 시청자는 자연히 그 콘텐츠에서 일어나는 변화에 집중하게 됩니다.

동시간대에 방영됐던 TV 프로그램들과 비교해 상대적으로 시청률이 높은 프로그램들을 비교·분석한 적이 있습니다. 적지 않은 프로그램을 분석한 후 저는 공통점을 찾을 수 있었습니다. 시청률이 높은 프로그램들은 하나같이 상대적으로 더 큰 결핍을 건드리고 있었습니다. 예컨대 KBS 예능프로그램 〈대국민 토크쇼 안녕하세요〉가 건드린 결핍은 '공동체의 이익에 저해되는 행동을 하는 사람을 차별해 그들의 행동을 교정하고자 하는 욕구'였습니다.

<안녕하세요>가 등장하기 전까지는 공동체의 이익을 저해하는 사람들을 공개적으로 비판하는 프로그램은 없었습니다. 굳이 꼽자면 과거 <화성인 바이러스>나 <자유선언 주먹이 운다> 정도가 그런 사람들을 희화화했다는 점에서 비슷하겠습니다. 그러나 수많은 사람들이 마치 북한의 인민재판을 방불케 하듯 한 사람을 둘러싸고, 그 사람의 어떤 점이 잘못됐는지를 공개적으로 비판하고 창피를 주는 프로그램은 <안녕하세요>가 최초였습니다.

불편하지만, 인간은 차별 본능을 지니고 태어납니다. 일본의 뇌 과학자 나카노 노부코는 책 『우리는 차별하기 위해 태어났다』에서 인간에게는 어떤 사람이 공동체의 이익에 저해되거나 공동체를 위협에 빠뜨릴 수 있는 행위를 하면 왕따를 시키는 본능이 진화적으로 내재해 있다고 말합니다. 그러한 차별이 과거 인간의 생존을 위해 필요했기 때문입니다.

의식적으로든 무의식적으로든 인간은 늘 센서를 가동해 차별할 대상을 찾습니다. 인간에게 차별은 곧 결핍입니다. <안녕하세요>는 마음껏 차별할 대상을 던져줌으로써 인간 DNA에 내재한 이러한 결핍을 건드린 것입니다. 남을 차별하면서도 미움을 사지 않는 출연진, 예를 들어 신동엽, 이영자, 컬투를 배치한 것은 이러한 차별을 세련되게 하고자 함이었습니다.

인간인 이상 저 역시 차별 본능이 있고 <안녕하세요>가 통쾌할 때가 있었습니다. 하지만 어느 순간부터 <안녕하세요>가 문제적 인물을 그저 1차원적인 '차별 결핍' 해소의 대상으로만 소비할 뿐이라고 생각하게 됐습니다. 제작진이 그저 시청률을 높이기 위해서 문제적인 행동만을 부각한다고 느껴졌습니다. 전문적이거나 근본적인 해결책을 제시하는 모습은 드물었습니다. 출연진은 그저 어느 한 쪽의 편을 들고, 어떤 것이 문제임을 부각하고, 그것이 문제라며 공감할 뿐이었습니다.

설상가상으로 제작진은 문제 행동에 투표를 부치고 어떤 문제 행동이 더 심각한지 점수를 매겼습니다. 고득점자는 다음 회에도 방송에 나와서 창피를 당해야 했습니다. 방송의 클립은 인터넷에 올라와서 수백만의 네티즌들에게 다시 한번 물어뜯겼습니다. 학교에서 한 학생을 둘러싸고 왕따를 시키는 모습이 떠오를 수밖에 없었습니다.

인간은 필연적으로 타인과 얽혀 살아야 하기에 공동체에 해가 되는 인간을 차별하는 것은 생존의 문제일 수도 있습니다. 지금 시대에 차별이 생존의 문제일 가능성은 극히 낮지만요. 그러나 만약 차별이 생존의 문제일지라도 그러한 결핍의 해소가 1차원적인 방식으로 이뤄지는 것은 아닌지 돌아봐야 합니다.

# 외로움이 대세가 됐다
# 콘텐츠에서도

"사람은 누구나 혼자다. 그래서 본능적으로 짝을 찾고, 가정을 이루고 함께 살아가고자 한다. 하지만 여러 가지 이유로 다시 혼자가 되기도 한다. 2013년 대한민국, 현재 대한민국 1인가구는 무려 453만 명, 이제 혼자 사는 삶은 대세가 되었다."

<나 혼자 산다> 첫 방송에서 코미디언 노홍철의 오프닝 멘트였습니다. 그 뒤로 1인가구는 더욱 늘어만 갔습니다. 통계청에 따르면 2017년 1인가구 수는 약 562만, 비율로는 27.2%로 대한민국에서 가장 흔한 가구가 됐고, 2020년 1인가구 수는 600만(전체 가구의 31.3%)을 넘었습니다.

정말 혼자 사는 삶이 대세가 돼서인지 <나 혼자 산다>의 인기는 시들지 않고 더해만 갔습니다. <나 혼자 산다>는 2019년 MBC 연예대상 시상식에서 3년 연속 최고 프로그램상을 받았고 그해 <나 혼자 산다>를 이끈 코미디언 박나래가 대상을 받았습니다.

"혼자 사는 삶은 대세가 됐다"라는 말을 "외로움이 대세가 됐다"라고 바꿔 불러도 되겠습니다. 내향적이든 외향적이든 인간은 혼자가 되면 외로워지니까요. 외로움은 다수의 결핍이 됐고 그 결핍을 채워준 프로그램이 <나 혼자 산다>였습니다. 시청자들은 무지개 회원*들이 온종일 홀로 무언가를 하는 모습을 지켜보며 마치 그들과 함께 있는 듯한 착각에 빠졌습니다. 그래서 혼자 있을 때 그저 틀어놓는다는 사람들이 많았습니다. 이 프로그램만 틀어놓으면 그다지 외롭지 않다는 거였죠. 동병상련. 스타들의 '나 혼자' 있는 모습이 TV 너머의 혼자 사는 사람들의 외로움을 달래준 셈입니다.

외로움이 늘어서인지, <나 혼자 산다>를 필두로 스타가 혼자 사는 모습을 보여주는 관찰예능은 계속 제작됐습니다. 그 예능들은 모두 나 혼자 사는 삶을 중심에 둔 채 조금씩 변주해 나갔습니다. 그 변주의 모양은 앞서 '실패하지 않는 콘텐츠 기획법 : 더하기'에서 설명한 방식

---

* 〈나 혼자 산다〉 초창기 멤버 수가 일곱 명이어서 '무지개'라고 지음

과 같습니다.

　<나 혼자 산다>의 유사 프로그램이 숱하게 나타나고 사라졌지만, 그중에서 가장 훌륭한 변주는 SBS의 최고 인기 예능 <미운 우리 새끼>였습니다. <미운 우리 새끼>는 혼자 사는 모습을 무지개 회원이 아닌 엄마들이 지켜보게 했습니다. 자식이 혼자 사는 모습을 지켜보는 엄마의 모습은 그야말로 흔치 않은 불구경이었습니다. 외로움이라는 결핍과 맞물려 증폭된 이 불구경은 한때 매회 30%에 육박하는 시청률을 만들었습니다.

　한편, <나 혼자 산다>의 재미는 대부분 고정관념을 깨는 스타들의 소탈한 모습에서 나왔습니다. 여태 <나 혼자 산다>로 인기를 얻은 스타들은 하나같이 그들의 화려한 모습을 내려놓고 거침없이 망가졌습니다. 대표적으로 화사와 이시언, 손담비가 혼자 사는 모습은 연예인에 대한 시청자의 일반적인 생각과 많이 달랐습니다. 이러한 전의(轉意)가 결핍과 만나 그 효과가 증폭됐기에 시청자의 큰 당혹감과 집중을 일으켰고, 결과적으로 재미있었습니다.

# '먹방'이 인기 있는 이유는

**"외로우니 먹는다"라는 말이 있는데요.**

실제로 먹는 행위는 외로움을 해소하는 데 도움이 됩니다. 음식이 위와 장으로 흘러들어 가면 관계 호르몬이라고 불리는 옥시토신이 분비되기 때문입니다. 이 호르몬은 사랑하는 이들과 함께 있거나 포옹을 할 때도 분비되는 호르몬입니다. 혈류를 증가하고 불면증과 스트레스를 해소하는 데 효과가 있다고 알려졌습니다. 음식이 위와 장으로 흘러가면서, 마치 타인이 피부를 쓰다듬는 듯한 효과를 내는 것입니다. 잘게 부서져 부드러워지고, 그 온도가 체온과 같아진 음식이 우리의 장기를 쓰다듬듯이 내려가는 장면이 상상이 되지 않나요?

엄청난 음식을 쌓아놓고 먹어 치우는 먹방. 재미있는 사실은, 먹방이 세계적으로 인기이지만 다른 나라보다 우리나라에서 상대적으로 더 인기라는 것입니다. 그런데 이러한 먹방의 인기는 외로움을 반영하고 있는지도 모릅니다.

혹자는 먹는 행위를 보는 것만으로도 옥시토신이 분비될 수 있다고 말합니다. "나는 너 먹는 것만 봐도 좋아"라는 말은 그냥 하는 말이 아니라는 것입니다. 먹방을 보는 것만으로도 옥시토신이 분비되고, 또 시청자는 먹방을 보면서 무언가를 먹으니 어쨌든 먹방은 관계 호르몬의 분비를 유도하는 셈일까요. 어쩌면 사람들은 타인과의 관계에서 얻지 못하는 옥시토신을 먹방을 통해 채우고 있는 것은 아닐까요? 우리는 어쩌면 외로움이라는 결핍을 먹방을 통해 해소하는지도 모르겠습니다.

한편, 많은 트렌드 전문가들은 앞으로 우리나라를 지배할 대표적인 결핍으로 외로움을 꼽곤 합니다. 그 이유는 첫째로 1인가구의 지속적인 증가 때문이며, 둘째로 개인방송 같은 콘텐츠의 발달로 직접 타인을 만나지 않고도 최소한의 외로움을 달랠 수 있기 때문입니다. 이에 더해 2020년을 어둡게 한 코로나19와 그로 인해 발전하게 될 언택트

기술 역시 사람과 사람 사이를 더욱 떨어뜨려 놓을 것이기에 외로움은

앞으로도 계속해서 커지는 결핍일 것입니다.

# '인싸'가 결핍이라고?
# 유행은 인싸와 아싸의 무한 반복

인싸(인사이더) 눈새(눈치 없는 X끼) 낄낄빠빠(낄 때 끼고 빠질 때 빠져라).
2019년을 전후로 왜 이런 단어가 유행이었을까요? 10년 전만 해도 아
웃사이더는 욕이 아니었고, 왠지 묘한 멋이 있는 단어였지만, 어째서
지금의 아싸는 욕이 됐을까요.

책 『트렌드 모니터 2020』의 저자 윤덕환은 한 강연에서 1020세대
인 Z세대(1990년대 중반에서 2000년대 초반에 걸쳐 태어난 젊은 세대)에게 인싸가
되려는 결핍, 즉, 주류가 되려는 욕망이 있다고 말했습니다.

트렌드 전문가들이 트렌드를 분석할 때 1020세대를 가장 주목
하는 이유는 1020세대가 사회의 주류 문화를 형성하기 때문입니다.

1020세대는 상대적으로 자유시간이 많은 학생들로, 어느 세대보다 문화를 향유하는 시간이 많습니다. 당연히 이들이 문화에 영향력을 미치는 시간도 가장 많습니다. 1020세대에서 유행하는 것은 청춘을 그리워하며 유행에 뒤처지지 않으려는 30대에게, 그리고 1020세대의 부모인 4050세대에게 영향을 미칩니다. 따지고 보면 우리 사회 유행은 대부분 1020세대가 만든다고 해도 과언이 아닙니다. 따라서 그런 1020세대에게 인싸가 결핍이라면 콘텐츠 기획자로서는 당연히 주목해야 할 것입니다.

1020세대인 Z세대에게 주류가 되려는 욕망이 결핍인 이유는 Z세대의 부모인 X세대(1968년을 전후해서 태어난 세대)가 그들을 방목했기 때문입니다. X세대가 Z세대를 방목한 이유는 X세대가 그들의 부모세대에게 자유를 억압받고 자랐기 때문입니다. 한국전쟁 이후 급격한 경제 성장기에 자유롭게 자신의 길을 개척한 X세대의 부모 세대는 그들의 자녀(X세대)가 사회가 정한 길, 그러니까 인싸의 길을 걷기를 바랐습니다. 자신이 걸어온 길이 자유롭긴 했으나 너무나 불안정했기 때문입니다. 그리고 그런 억압적인 부모 밑에서 자란 X세대들은 반대로 그들의 자녀가 아싸(비주류)가 되어도 괜찮다고 가르쳤습니다. 자라면서 부모로부터 받은 스트레스를 자녀에게 물려주기 싫었기 때문입니다. 자유분

방하게 자란 Z세대는 반대로 주류에 속하고자 하는 결핍이 생깁니다. 두 갈래 길이 있으면 가보지 못한 한 갈래 길을 늘 그리워하게 되는 것과 비슷한 심리입니다.

한편, 억압적인 부모 밑에서 자란 세대가 그들의 자녀에게 자유를 주고, 자유로운 부모 밑에서 자란 세대가 그들의 자녀를 억압하는 반복은 미래의 콘텐츠 제작자들이 참고해야 할 사항입니다. Z세대가 다음 1020세대의 부모가 되는 10~20년 후에는 다시 아싸가 우리 사회의 결핍이 될 것이기 때문입니다. 그때는 많은 사람들에게 둘러싸인 인기쟁이 캐릭터보다 혼자 멀찍이 떨어져 창밖을 바라보는 캐릭터가 더 인기 있을지도 모릅니다.

# 한국에서 교양 프로그램이 살아남는 '슬픈' 이유

100만 부 이상 팔린 채사장의 책 『지적 대화를 위한 넓고 얕은 지식』이 성공할 수 있었던 이유에 대해 저의 스승이신 EBS 오정호 PD님은 "한국인은 유독 교양 결핍이 강하다"고 설명했습니다. <도전 골든벨>이나 <우리말 겨루기> <알쓸신잡> 『라틴어 수업』 같은 교양 콘텐츠가 인기 있는 이유, 다소 지루할 수 있는 다큐멘터리들이 흥행할 수 있는 이유가 바로 한국인 특유의 교양 결핍 때문이라는 것입니다.

우리나라 사람들이 교양 결핍이 강한 이유는 고등학교 졸업 이후로는 공부하기가 쉽지 않은 환경 때문일 수 있습니다. 우리나라 중·고등학생의 학업성취도는 세계 최고수준입니다. 그런데 고등학생 때 정점을 찍은 학업성취도는 만 20세 이후 서서히 떨어지기 시작해서 35세

이후에는 OECD 평균 이하 수준이 되고, 55세 이후에는 OECD 꼴찌 수준이 됩니다. 이 조사를 한 연구원들에 따르면 이러한 하락은 한국 대학교육의 질이 낮고, 또 직장에서 역량을 축적할 수 있는 시스템이 잘 갖춰지지 않았기 때문입니다.

우리나라 대학생들은 확실히 그들의 중·고등학생 시절보다 공부를 덜 합니다. 그것이 자의든 타의든 말이지요. 그리고 직장에서도 다른 역량을 쌓기 어렵습니다. 주 52시간 근무제가 시행됐다고는 하지만 대부분의 직장인은 퇴근하고 집에 돌아가면 피곤해서 아무것도 할 수 없습니다. 평일의 저를 돌아보면 늘 6시간 이내의 잠을 자는데도 온전히 저를 위해 쓸 수 있는 시간은 고작 하루 1시간 30분 정도였습니다.

고등학교 때까지 지속된 굉장한 학습열은 성인이 돼서도 관성처럼 이어지지만, 곧 여러 가지 이유로 가로막힙니다. 보수적인 인간의 뇌는 불안해지고, 그 관성에 집착하게 됩니다. 잠을 방해하면 더욱 잠이 오고, 먹지 못 하게 하면 배가 고픈 것처럼, 학습이 가로막히는 순간 학습은 결핍이 됩니다. 그래서 1시간 30분 정도 쉬는 시간을 이용해 TV를 볼 때조차 자신의 교양을 채워줄 수 있는 프로그램을 찾게 되는 것입니다.

젊은 나이에 결혼하셔서서 가족을 먹여 살리려 일만 하신 제 어머니가 생각납니다. 워킹맘으로서 지금의 저보다 더 시간이 없었을 제 어머니께서 잠시 짬을 내서 보는 TV에는 늘 누군가가 강연하는 프로그램이 흘러나오고 있었습니다.

# 성공한 드라마는
# '다수의 결핍'을 건드린다

드라마는 어떤 콘텐츠보다 다수의 결핍에 충실해야 합니다. 매회 다른 이야기를 써 내려가는 예능과 달리, 하나의 이야기를 계속해서 이어나가야 하기 때문입니다. 비유하자면, 한 번밖에 그물을 던질 수 없으니 처음부터 큰 그물을 던져야 합니다. 역사적으로 모든 성공한 드라마는 방영 당시 대부분의 사람들이 가진 '다수의 결핍'을 건드렸기에 성공할 수 있었습니다.

지금 드라마를 보고 있다면 예능이나 여타 콘텐츠와 그 결핍의 크기를 비교해보길 권합니다. 흥행하는 드라마는 다수의 결핍의 전시장이나 다름없습니다. 우리에게는 아주 훌륭한 학습장이기도 합니다. 우리나라 사람들이 어떤 결핍을 갖고 있는지부터 그 결핍을 해소하는 클

리셰까지 배울 수 있습니다. 결핍은 받아들이되 이러한 클리셰에 주목
해 그것을 깨버리면 독창적인 콘텐츠가 탄생할 것입니다.

한편, 거의 모든 K-드라마의 스토리 라인이 '사랑'을 중심으로 구
성된다는(혹은 플롯이 '이루어질 수 없는 사랑'이라는) 사실은 우리나라 사람들
이 그만큼 사랑에 결핍됐다는 것을 의미합니다. 아마도 유교의 영향
인 듯합니다. 사랑은 자연스러운 것이나 유교에서는 그다지 점잖지 못
한 것으로 여기니까요.

그러고 보면 사랑에 대한 결핍은 유교의 영향을 많이 받은 국가가
그렇지 않은 국가보다 큰 듯합니다. 예컨대 미국인은 드라마 <별에서
온 그대>가 다소 거부감이 들지도 모릅니다. 외계인이 초능력을 이용
해 할 수 있는 일들이 얼마나 많은데 21회 동안 그저 사랑하는 데만 그
초능력을 사용하니까요. 그러나 사랑에 목마른 우리나라와 중국, 일
본의 시청자들은 외계인이 완성하는 지고지순하고 완벽한 사랑 이야
기에 열광했습니다.

# 결핍은 짝사랑이며, 아이돌이다

좋아하는 아이돌이 언제 어느 콘텐츠에 나오는지 시키지 않아도 줄줄 꿰려 하고, 아이돌이 나오는 콘텐츠를 보고 또 보고 싶어 하는 마음, 그럼에도 늘 부족하다고 느끼는 마음. 그 마음은 결핍입니다. 그 결핍은 밑 빠진 독처럼 계속 물을 부어도 채워지지 않습니다.

아이돌을 사랑하는 사람들을 보면 결핍이 얼마나 효과적인 특·전·격 증폭제인지 알 수 있습니다. 팬들에게 아이돌은 반(半)신이나 다름없습니다. 아이돌이라는 단어의 뜻이 '우상'이라는 말을 굳이 꺼내지 않더라도요.

짝사랑이라고도 할 수도 있는 이러한 결핍은 아이돌이 만드는 사소한 변화에도 당혹하고 집중하게 하고 아이돌이 만드는 특·전·격의 효과는 강화합니다. 팬들은 아이돌이 등장하는 콘텐츠를 몇 번이고 반복 시청하는 것도 모자라 그들의 작은 몸짓과 말 한마디에 당혹하고 집중합니다. 심지어 아이돌의 미세한 표정 변화를 보고도 놀라워할 정도입니다. 그런 상황에서 아이돌이 특·전·격을 만들면 "꺅!" 그 당혹과 집중은 더욱 커집니다.

"콘서트에서 처음 느꼈어요. 그들이 우리와 함께 살아 숨 쉬고 있다는 걸"

결핍이 충분히 크다면 그 결핍으로 인해 작은 숨소리조차도, 혹은 가슴의 오르내림조차도 당혹과 집중을 일으킬 수 있습니다. 과거 짝사랑 상대의 사소한 말과 행동 하나하나가 중요했던 것처럼 말이지요.

# 강형욱은 어떻게
# 개와 사람을 움직였을까

강아지 짱절미를 키우는 절미언니는 '짱절미가 딱 한 마디만 할 수 있다면 어떤 말이 듣고 싶냐?'고 물었을 때, "나아파"라고 답해 많은 이들의 공감을 얻었습니다.

우리가 강형욱에 끌린 이유는 무엇이었을까요. 단지 강형욱이 강아지처럼 귀엽게 생겨서일 리는 없습니다. 결론부터 말하면, 그는 많은 사람들의 결핍을 채워줬습니다.

'애완'(가까이 두고 귀여워하거나 즐김) 동물에서 '반려'(짝이 되는 친구) 동물로 개에 대한 인식이 바뀌었지만 사람들은 친구가 된 개의 말을 알아들을 수 없었고, 그 마음이 결핍이 됐습니다.

<세상에 나쁜 개는 없다> 같은 프로그램이 그 결핍을 건드리고, 강형욱이 그것을 채워준 것입니다. 결핍과 맞닿은 강형욱의 '통역'은 전의였으며, 그 자체로 특이해 당혹과 집중을 불러일으켰습니다. 강형욱이 나오기까지 누구도 그처럼 명확하게 개의 언어를 해독한 사람은 없었기 때문입니다.

# 〈캡틴마블〉, '의미'는 재미다

마블 시리즈 중에서 개인적으로 가장 재미있었던 영화는 〈캡틴

마블〉이었습니다. 이 영화가 〈어벤져스〉 같은 스케일이 큰 영화보다
저에게 훨씬 '의미 있게' 다가왔기 때문입니다. 어떤 사람에게 무언가가
의미 있다는 것은 그 무언가가 그 사람이 추구하는 가치에 닿아있다
는 뜻입니다. 그리고 가치는 끊임없는 추구의 대상이라는 점에서 곧 결
핍입니다.

〈캡틴마블〉에는 여성과 인종 차별을 상징하는 장치들이 많았습
니다. 애초에 영화의 기획의도가 그랬습니다. 주인공 캐럴 댄버스역의
브리 라슨은 캐스팅 직후 인터뷰에서 "위대한 페미니스트 영화라고
해서 출연했다"고 밝혔고, 조연을 맡은 사무엘 L. 잭슨은 캐스팅 직후

인종차별을 반대하는 문구가 새겨진 티셔츠를 입고 찍은 사진을 자신의 SNS에 올렸습니다.

영화의 주인공은 여성 최초로 비행기 조종사가 된 입지전적인 인물입니다. 그는 남성만이 걷는 길을 걸으며 경쟁을 피하지 않았고, 집단 따돌림에도 좌절하지 않고 끊임없이 다시 일어납니다. 자신에게 거짓 세계관을 주입하고 자신을 의도적으로 평가절하하는 이에게는 "난 당신에게 증명해야 할 이유가 없어"라고 말하며 억압의 장치들을 깨고 하늘 높이 날아오릅니다.

영화에는 또한 스스로 정의로운 영웅으로 착각하는 크리 종족이 등장합니다. 크리가 상징하는 것은 유리천장, 가부장제 등 여성을 억압해온 것들과 인종 차별, 지배-피지배의 비이성적 논리로 행해온 환경 파괴였습니다.

이런저런 이유로 <캡틴마블>을 좋아하지 않는 사람들이 있었습니다. 그들은 <캡틴마블>의 오락성이 다른 마블 영화와 비교해 떨어진다고 말했습니다. 틀린 말이 아닙니다. 이 영화의 특·전·격은 <어벤져스> 시리즈만 못합니다.

그러나 일부는 이 영화를 두 번 세 번 봤습니다. 그리고 그들이 이 영화를 보는 이유는 "재미있어서"였습니다. 그들이 추구하는 가치에 이 영화가 닿아있었기 때문입니다. 가치라는 결핍이 재미를 증폭한 것입니다. '의미 있음'이 재미있음과 다르지 않았던 것이지요. 저 역시 마찬가지였습니다. 캡틴마블이 내세우는 가치가 저의 결핍이었으며, 따라서 영화의 특·전·격이 더욱 크게 다가왔습니다.

한편, 이러한 가치는 전 세계적으로 거대한 트렌드입니다. 일례로 2019 아카데미 시상식에서는 총 24개 부문 중 20개 부문에서 소수자와 여성에 대한 차별을 다룬 영화를 시상했습니다. 흑인을 주인공으로 내세운 <블랙팬서>가 3관왕을 차지했습니다. 2020년 에미상 시상식에서는 인종차별을 고발한 드라마 <와치맨>이 11개 부문을 석권했습니다.

우리나라에서도 마찬가지입니다. 가령 『2020 제11회 젊은작가상수상 작품집』(문학동네)에 수록된 일곱 편의 수상작들은 각각 여성 문제(3편), 장애인 문제(1편). 성소수자 문제(1편)를 다루고 있습니다. 2019~2020년 가장 인기 있는 소설가는 가부장제에 대해 쓰는 강화길과 성소수자에 대해 쓰는 박상영 작가입니다.

문화계 첨단에 여성과 소수자들이 우뚝 서기 시작했습니다. 역사가 진보하지 않은 적은 없으니, 앞으로 이러한 가치는 더욱 흥행할 것입니다.

그리고 한 가지 더, 여성을 주도적인 캐릭터로 내세우는 콘텐츠는 그 자체로 '보통'에서 벗어난 콘텐츠입니다. 콘텐츠 업계는 여전히 남성 중심적이기 때문입니다. 여성이 남성을 추종하고 의지하는 설정이 만연한 만큼 당연히 그 반대는 대중의 이목을 끄는 특이(特異)한 콘텐츠가 됩니다.

가령 넷플릭스 드라마 <인간수업>은 배우 박주현이 연기한 캐릭터 배규리를 통해 철저하게 그런 '반대'를 만들어 성공했습니다. 다른 콘텐츠였다면 남성의 역할을 여성인 배규리가 맡았을 뿐인데 그런 배규리로 인해 계속해서 특·전·격이 생성됐습니다. 이 드라마에서 배규리가 남성이라고 상상한다면 오히려 익숙할 것입니다. 2020년 하반기 인기 드라마 <사이코지만 괜찮아> 역시 마찬가지입니다. 김수현은 '보통' 드라마의 여성 역할, 서예지는 '보통' 드라마의 남성 역할을 맡았습니다. 역사 논란은 있었지만, 인기 드라마 <철인왕후>도 마찬가지였습니다.

인간이라면 당연히 여성과 소수자를 존중해야 하고, 콘텐츠 제작자라면 더욱더 그래야 합니다. 그곳은 결핍과 특·전·격이 함께 있는 아주 드문 지점입니다.

# 〈동백꽃 필 무렵〉이 전한 '위로'
## (feat. 지난 10년간 가장 많이 팔린 책들)

지난 10년간 우리나라를 지배한 가장 큰 결핍은 단연 '위로'입니다. 사람들은 위로받고 싶어 했고, 여전히 위로를 필요로 합니다. 서점가만 봐도 알 수 있습니다. 지난 10년 동안의 종합 베스트셀러 1위부터 10위 까지 중에서 위로가 키워드인 책은 총 여섯 권(교보문고 누적 판매량 기준, 『멈 추면 비로소 보이는 것들』, 『나미야 잡화점의 기적』, 『아프니까 청춘이다』, 『미움받을 용기』, 『언어의 온도』, 『나는 나로 살기로 했다』)이나 됩니다.

또한, 지난 10년 동안 백만 부 이상이 팔린 밀리언셀러는 총 일곱 권이며 그중에서 다섯 권(『멈추면 비로소 보이는 것들』, 『나미야 잡화점의 기적』, 『아프니까 청춘이다』, 『미움받을 용기』, 『언어의 온도』)의 키워드가 위로였습니다. 2019년 방영한 미니시리즈 중에서 시청률 1위를 기록한 드라마 〈동백꽃 필 무렵>은 역대급 위로를 선사했습니다. 시청자는 지독히도 박복한 주인공 동백이 옹산마을 사람들로부터 위로를 받을 때 함께 위로받았습니다.

그리고 작가의 의도는 드라마 엔딩 문구에서 명확해졌습니다.

"인생의 그 숱하고도 얄궂은 고비들을 넘어 매일 '나의 기적'을 쓰고 있는 장한 당신을 응원합니다. 이제는 당신꽃 필 무렵."

'동백꽃 필 무렵'이 '당신꽃 필 무렵'으로, 동백꽃이 당신꽃으로 변한 것입니다. 즉 위로가 필요했고, 그 위로를 받은 '동백'은 곧 드라마를 보고 있는 '당신'이었습니다.

그런데 이 드라마가 건드린 결핍은 위로만이 아니었습니다.

"무슨 씨족 사회? 그런 것처럼 온 동네가 이상해. 밥때가 되면 그냥 아무 집에나 들어가면 돼. 그럼 가타부타 말도 없이 그냥 숟가락 하나 더 놔 줘. 그게 되게 당연한 동네거든. 온 동네가 무슨, 가족 같아. 막 친절하진 않은데, 뭔가 되게 드뜻해." (<동백꽃 필 무렵> 中)

지독히도 외로웠던 동백은 옹산마을에서 생애 첫 빽(용식의 엄마)이 생기고, 똥개처럼 졸졸 따라다니는 용식을 만납니다. '씨족 사회' 옹산 마을은 쓸쓸한 동백의 편이 돼주고 동백을 품어줍니다. 시청자는 자신의 외로움을 동백의 외로움과 동일시하고 드라마를 통해 그 외로움을 대리해소했습니다.

한편, 이러한 결핍 말고도 특·전·격 증폭제는 또 있었습니다. 앞서 불안정성을 이야기하며 했던 말을 기억하시나요? 20회로 나뉜 이 드라마는 계속해서 게르마늄 팔찌를 찬 누군가의 죽음을 암시하는 신을 보여주며 불안정성을 형성했습니다.

여러 가지 특·전·격 증폭제들을 제대로 담아냈기에

<동백꽃 필 무렵>은 가장 뜨거웠던 드라마가 될 수 있었습니다.

# 에필로그:
# 〈철인왕후〉와 〈경이로운 소문〉

책이 나오기 직전 재미있게 본 두 드라마가 있습니다. tvN의 〈철인
왕후〉와 OCN의 〈경이로운 소문〉입니다. 두 드라마 모두 같은 시기 방
영한 지상파 드라마의 시청률을 뛰어넘은 '경이로운' 시청률 기록을 세
웠습니다. SBS의 〈펜트하우스〉 역시 굉장히 성공적이었지만, 이 드라
마를 보고 여러 번 악몽을 꾼 관계로 권하진 않겠습니다.

〈철인왕후〉와 〈경이로운 소문〉이 성공할 수 있었던 이유 역시 특·
전·격과 재미를 증폭하는 요소들 때문이었습니다. 제가 그 요소들을
해설하기보다는, 두 드라마의 재미 요인을 분석하는 일은 이제 숙제로
남겨 드립니다. 채점은 어떻게 하느냐고요? 재미있게도, 제가 낸 이 문
제에 대한 답은 여러 평론가의 글에 녹아 있습니다. 따라서 그 답이 궁

금하다면 인터넷에서 이 두 드라마에 대한 평론을 찾아보면 됩니다.
평론가들은 의식적으로든 무의식적으로든 이 책에서 설명한 재미 요
소들을 기준 삼아 콘텐츠를 분석합니다. 그들도 무수한 콘텐츠를 봤으
며, 콘텐츠가 자신을 당혹하고 집중하게 한 지점을 예민하게 감지했기
때문입니다. 영화평론가로 등단한 존경하는 후배 기자가 쓴 글에서 저
는 자주 특·전·격과 그 증폭제를 읽었습니다. 달리 이야기하면, 이 책에
나온 재미 요소들을 바탕으로 만든 콘텐츠는 깐깐한 평론가들조차
매혹할 수 있습니다.

바야흐로 콘텐츠의 시대입니다. 콘텐츠를 제작하는 기업들의 주
가가 급상승하고 있고, OTT 플랫폼들은 세계적인 기업이 되어 활발
히 경쟁하고 있습니다. 유튜브, 아프리카TV 등 다양한 인터넷 방송 플
랫폼에서 시청자를 당혹하고 집중하게 하는 이들은 크리에이터라 불
리며 많은 돈을 법니다. '재미'는 그 어느 때보다도 큰 경쟁력이 되고 있
습니다. 다시 말하면, 특·전·격과 그 증폭제를 만드는 힘은 그 어느 때
보다도 가치 있습니다.

재미를 만드는 능력을 키우기 위해서는 무엇보다 예민해져야 합
니다. 어떤 콘텐츠가 당신과 주변 사람들을 놀라게 한 바로 그 지점에

서 특·전·격을 비롯한 공식들을 대입하며 감을 잡아가야 합니다. 여러 번 타보고 넘어져도 봐야 비로소 자전거를 탈 수 있듯, 이 공식들은 처음 감을 잡기란 쉽지 않지만, 한번 체득하면 그 뒤로는 잊어버리지 않고 더욱 탁월하게 사용할 수 있습니다. 언제나 '재미의 근원'을 인지한다면 갈수록 콘텐츠를 분석하는데도, 그리고 콘텐츠를 제작하는데도 급이 높아질 것입니다.

이제 자전거를 잡고 있던 손을 놓겠습니다. 긴 글 읽어주셔서 감사드립니다. 스스로 한발 한발 페달을 밟아나간다면, 제가 손을 놓더라도 쓰러지지 않고 달릴 수 있을 겁니다.

유일한 신이신 하나님 아버지께 첫 책을 바칩니다.

사랑하는 사람들, 할머니(손재례) 할아버지(김재일) 할머니(김효원) 할아버지(이복만) 어머니(이정신) 아버지(김성천) 동생(김승준)을 위해 매일 기도합니다. 늘 건강하고 행복하길, 은혜를 갚을 길은 요원합니다. 사랑하고 감사합니다.

오랜 기간 함께 하며 많은 영감을 주신 영화 평론가 송석주님과 조성은 기자님에게 사랑과 감사의 마음을 전합니다. 기자로서 왕성히 활동하게 해주신 서울미디어그룹 방재홍 회장님과 방두철 대표님은 저에게 귀인이셨습니다. 기꺼이 추천사를 적어주신 김병희 한국광고학회 회장님과 허경호 경희대 미디어학과 교수님께도 부족한 감사 인사를 전합니다.

마지막으로 좋은 책을 위해 힘써 주신 행복우물 최대석 대표님과 최연 편집장님께 감사 인사를 드립니다. 최연 편집장님이 없었다면 이 책도 없었을 것입니다. 덕분에 더 많은 독자가 공감할 수 있게 됐다고 생각합니다. 또한, 2017년 초여름 어느 날 이 책의 씨앗을 주신 오정호 PD님께 수줍은 인사를 건넵니다. 그 씨앗은 이렇게 자랐습니다.

이 모든 것은 하나님께서 주셨습니다. 다만 거듭나길 바랍니다.

2021년 봄

김승일

재미의 발견          초판 1쇄 발행   2021.04.06
                    2쇄 발행     2021.12.24

지은이      김승일
펴낸이      최대석
기획        최연
편집        최연, 정지현
디자인1     서미선
디자인2     이수연, 김진영
마케팅      김영아

펴낸곳      행복우물
등록번호    제307-2007-14호
등록일      2006년 10월 27일
주소        경기도 가평군 가평읍 경반안로 115
전화        031)581-0491
팩스        031)581-0492
홈페이지     www.happypress.co.kr
이메일      contents@happypress.co.kr
ISBN       979-11-91384-04-8 (03300)
정가        17,500원

이 책의 국립중앙도서관 출판예정도서목록(CIP)은
서지정보유통시스템 홈페이지(http://seoji.nl.go.kr와
국가자료공동목록시스템(http://nl.go.kr/kolisnet)에서
이용하실 수 있습니다.

**꾸준히 사랑받는** ————————————————————

———————————————————————— **콜렉션**

+ + +

"손가락 사이로 미끄러지는 빛은 우리의 마음을 헤쳐 놓기에 충분했고, 하얗게 비치는 당신의 눈을 보며 나는, 얼룩같은 다짐을 했었다"
_ 이제, 〈옷을 입었으나 갈 곳이 없다〉 일부

"곁에 머물던 아름다움을 모두 잊어버리면서 까지 나는 아픔만 붙잡고 있었다. 사랑이라서 그렇다."
_ 금나래, 〈사랑이라서 그렇다〉 일부

"'사랑'을 입에 담지 말 것. 그리고 문장 밖으로 나오지 말 것."
_ 윤소희, 〈여백을 채우는 사랑〉 일부

"구름 없이 파란 하늘, 어제 목욕한 강아지, 커피잔에 남은 얼룩, 정확하게 반으로 자른 두부의 단면, 그저 늘어놓았을 뿐인데, 걸음마다 꽃이 피었다."
_ 에피, 〈낙타의 관절은 두 번 꺾인다〉 일부

+ + +

당신의 어제가

나의 오늘을 만들고

김보민

내일의 당신에게서는 보라색 향기가 풍겨오면 좋겠어요

행복우물 연시리즈 _____ essay 05

# 너의 아픔
# 나의 슬픔

## 누구나 저마다의 사연이 있다

양성관

양성관

너의 아픔 나의 슬픔

너의 아픔
나의 슬픔

누구나
저마다의
사연이
있다

양성관

특별한 의학 에세이

사람들이 의사를 어떻게 볼 것이라
생각하지 마라, 실직적 가족들도.

환자가 죽고 싶다고 하면 의사인 우리는 ......

행복우물 연시리즈 _____ essay 06

행복우물출판사 도서 안내

● STEADY SELLER
○ 사랑이라서 그렇다 / 금나래
"내어주는 것은 사랑한다는 말, 너를 내 안에 담고 있다는 말이다"
2017 Asia Contemporary Art Show Hong Kong,
2016 컬쳐프로젝트 탐앤탐스 등에서 사랑받아온 금나래 작가의 신작

○ 여백을 채우는 사랑 / 윤소희
"여백을 남기고, 또 그 여백을 채우는 사랑. 그 사랑과 함께라면
빈틈 많은 나 자신도 온전히 좋아하며 살아갈 수 있을 것 같다."
'채우고 싶은 마음과 비우고 싶은 마음'을 담은 사랑의 언어들

● BOOK LIST
○ 리플렉션: 리더의 비밀 노트 / 김성엽 ○ 음식에서 삶을
짓다 / 윤현희 ○ 삶의 쉼표가 필요할 때 / 꼬맹이여행자 ○
벌거벗은 겨울나무 / 김애라 ○ 청춘서간 / 이경교 ○ 가짜세상
가짜 뉴스 / 유성식 ○ 야 너도 대표 될 수 있어 / 박석훈 외 ○
아날로그를 그리다 / 유림 ○ 자본의 방식 / 유기선 ○ 겁없이
살아 본 미국 / 박민경 ○ 한 권으로 백 권 읽기 / 다니엘 최 ○
흉부외과 의사는 고독한 예술가다 / 김응수 ○ 나는 조선의
처녀다 / 다니엘 최 ○ 하나님의 선물 ─ 성탄의 기쁨 / 김호식,
김창주 ○ 해외투자 전문가 따라하기 / 황우성 외 ○ 꿈, 땀, 힘
/ 박인규 ○ 바람과 술래잡기하는 아이들 / 류현주 외 ○ 어서와
주식투자는 처음이지 / 김태경 외 ○ 신의 속삭임 / 하용성 ○
바디 밸런스 / 윤홍일 외 ○ 일은 삶이다 / 임영호 ○ 일본의
침략근성 / 이승만 ○ 뇌의 혁명 / 김일식 ○ 멀어질 때 빛나는:
인도에서 / 유림

행복우물 출판사는 재능있는 작가들의 원고투고를
기다립니다
(원고투고) contents@happypress.co.kr